高校内部控制转型与创新研究

付　媛　张惠芹　李林森　著

東南大學出版社
SOUTHEAST UNIVERSITY PRESS

图书在版编目(CIP)数据

高校内部控制转型与创新研究/付媛,张惠芹,李林森著.--南京:东南大学出版社,2024.12.
ISBN 978-7-5766-1904-1

Ⅰ.G647

中国国家版本馆 CIP 数据核字第 2024J3T918 号

责任编辑:胡中正　　责任校对:张万莹　　封面设计:豫燕川　　责任印制:周荣虎

高校内部控制转型与创新研究

Gaoxiao Neibu Kongzhi Zhuanxing yu Chuangxin Yanjiu

作　　者:付　媛　张惠芹　李林森
出版发行:东南大学出版社
出 版 人:白云飞
社　　址:南京市四牌楼 2 号　邮编:210096　电话:025-83793330
网　　址:http://www.seupress.com
经　　销:全国各地新华书店
排　　版:燕川文化
印　　刷:北京市怀柔新兴福利印刷厂
开　　本:787 mm×1092 mm　1/16
印　　张:11.75
字　　数:202 千
版 印 次:2025 年 6 月第 1 版第 1 次印刷
书　　号:ISBN 978-7-5766-1904-1
定　　价:58.00 元

前言

随着高等教育事业的蓬勃发展，高校的规模不断扩大，经济活动日益复杂多样。高校不仅承担着人才培养、科学研究、社会服务等重要使命，还涉及大量的资金筹集、使用和资产管理等经济事务。在这种形势下，传统的高校内部控制模式面临着诸多挑战。一方面，外部环境的变化，如法律法规的修订、财政体制改革、信息技术的飞速发展等，对高校内部控制提出了更高的要求。另一方面，高校内部自身的发展需求，如提升管理效率、保障资金安全、防范财务风险等，也迫切需要对内部控制进行转型与创新。

高校内部控制主体广泛，不仅应包括各个学院的各行政部门，还应包括校医院、校办企业以及后勤部门等工作。高校作为一种特殊的非营利组织，其内部控制具有自身的特点和规律。通过对高校内部控制转型与创新的研究，可以进一步拓展内部控制的理论边界，为高校内部控制的实践提供更坚实的理论基础。

笔者在撰写本书的过程中，参考了许多资料以及其他学者的相关研究成果，在此对他们表示衷心的感谢。由于笔者水平有限，书中难免有错误和疏漏之处，在此敬请同行专家和读者批评指正。

目录

第一章　高校内部控制简析

第一节　高校内部控制的概念与分类

一、高校内部控制的概念

控制，顾名思义，就是驾驭、掌握、支配之意，即要求被控对象不超出一定的范围和界限。从现代管理学的角度来说，控制就是要求被控对象既有条不紊和高效正常地运行，又不失去既定的行进目标，不偏离正常的轨道。[①] 高校内部控制是高校党政班子和全体教职员工为实现控制目标，通过制定制度、实施措施和执行程序，对经济活动的风险进行防范和管控的系列活动。

所谓系统活动，是高校为了实现内部控制而采取的系列措施、办法。

二、高校内部控制的分类

(一)按控制源头分内部控制和外部控制

高校内部的管理控制来源于其自身。在高校中，实施内部控制是一种自我管理的活动，这完全是组织内部需要负责的事务。虽然建立和完善内部控制系统是受到外界压力的驱使，如受到国家法律对单位制定规章制度和规范管理的约束，或是为了增强自身的竞争力以适应市场的变化，但其核心仍然是对自身进行规范的核算和管理。这不仅是高校追求经济和社会效益的需求，也是高校持续健康发展的基本要求。

高校外部控制构成了外部控制的来源。高校在外部政策和法律法规的制约下，表现出一种被动的接受态度。例如，高校在接受巡视组的检查、校长离职时的经济责任审计、高校国有资产的处理需要提交给主管或财政部门进行审核和批准，以及学校的专业设置和招生目标需要上报给主管部门进行审核和批准。

(二)按控制功能分准入式控制和查对式控制

准入式控制是一种旨在预防错误和非法行为出现，或者最大限度地降低其发生

---

① 贺志东. 企业内部控制实务[M]. 北京：电子工业出版社，2015.

概率的控制手段，它具有一开始就阻止错误发生的能力。例如，在高校中有明确的规定，除非是文印员，否则不得进入文印室，这一规定有效地阻止了除文印员以外的其他人员非法查看试卷。除非是信息管理员，否则没有权限修改网页内容，这确保了信息的真实性和可靠性。

查对式控制指的是为了迅速识别已经出现的错误和违法行为，或者提高识别错误和弊端的能力而采取的各种控制手段。其核心目标是解决如何查明错误的难题。例如，在进行账账核对、账证核对、账表核对和账实核对的过程中，通过查对式的控制手段，我们能够识别出记账中的错误以及货物的短缺等各种问题。

(三)按控制的时间分事前控制、事中控制和事后控制

事前控制是指在行为发生之前所实施的控制。例如，校内使用部门必须对需要采购的物品进行市场询价，经过货比三家之后才能申报办理招标采购；建筑设计图纸必须经过多部门人员会审论证之后才能开工建设。事前控制可以起到及早发现并及时纠正错误、防患于未然的作用。

事中控制是指在行为发生的整个过程或当中的某一环节所进行的控制。例如：基建过程中，审计人员对某一隐蔽工程进行拍照录像的行为，物资采购招标过程的全程录像录音行为等。事中控制可以留下记录，便于回放，同时还可以增强经办人员的工作责任感。

事后控制是指某一项活动完成之后对其最终结果进行检验所采取的各项控制措施。例如：某项科研课题完成之后，科研管理部门组织专家对科研课题进行验收、评价，看其是否按期结题，研究成果是否达到申报要求，经费使用是否合法合规。

(四)按控制的涉及面分单位层面控制和业务层面控制

单位层面控制指的是那些对实现单位控制目标起到关键作用的措施，这些措施与公司的内部环境、风险评估、信息交流和内部监管都有直接的联系。例如，根据不相容职务分离的规定，高校在进行物资采购时，招标办公室有责任公开设备的招标信息，并通过公开招标来确定物资的供应单位。设备处则负责物资采购的处理，审计处则负责审核招标采购的流程手续，而财务处则负责支付采购款项和进行账务登记。这四个部门各自负责自己的职责，而负责财务管理的部门则不直接处理物资采购。财务、审计、设备和招投标部门之间存在相互协作和制衡的关系。

业务层面控制是指综合运用各种控制手段和方法，针对具体业务和事项的措施，其功能仅限于单位中的具体业务和事项。如会计凭证需要连续编号，每册会计凭证都要编制“科目汇总表”等行为。连续编号，可以预防和发现凭证丢失；每册会计凭证

都编制“科目汇总表”可以预防不法分子利用记账作弊。

此外,国内还有专家提出了预防式控制、侦察式控制等多种控制方式。

第二节 高校内部控制的目标与方法

一、高校内部控制的目标

(一)遵循目标

高校建立内部控制体系的首要目标就是要确保国家有关法律法规,上级行政主管制定的政策、规定,以及高校内部各项规章制度的贯彻和执行;保证学校各项经济活动在合法、合理、合规范围内有效进行。

为了更好地进行宏观经济的调控,国家制定并发布了一系列的法律法规和政策规定。只有当高校严格遵循这些法律和法规,并认真执行国家的各项政策和方针时,它们的所有业务活动才能确保其合法性和合规性。在严格遵循国家法律法规、政策以及行政管理部门的规章制度的基础上,学校制定了符合其发展需求的战略、目标和管理体系,以确保在合法和规范的基础上实现其办学目标。

(二)规范管理

高校作为教育机构,教学、科研、服务是三大基本宗旨。为了达成学校的教育目标,我们建立了一个内部控制系统,并营造了一个积极的组织环境;我们需要构建一个科学的管理和决策框架,明确各方的职责,获取必要的信息,加强各个部门之间的合作,确保信息的高效交流和沟通,从而提高管理的透明性;对学校的管理风险进行及时的评估,调整策略,以达到组织的目标;严格控制各种活动,确保人员行为的规范性,并努力提升管理的效率;建立有效的监督和控制机制,迅速修正存在的问题,降低浪费,并避免腐败现象。因此,基于当前高校内部管理的实际情况,通过构建内部控制体系来实现学校管理的规范化,提升组织的绩效表现,并为制度信任提供保障,成为构建内部控制体系的关键目标之一。

(三)资产安全

资产的安全性和完整性构成了高校在进行教学、科学研究、提供服务以及执行行政任务时的基础物质保障。公立高校的资金被视为国有财产,确保这些国有资产的安全性是大学管理人员的核心职责。为了确保学校资产的安全和完整性,我们需要建立一个完善的内部控制系统,有效地封堵资金管理中的漏洞,消除潜在的管理风险，并及时发现并纠正任何欺诈和舞弊行为；为了确保财务管理的规范性，我们需要确保资金使用受到严格的监控，并避免由于盗窃、浪费、效率低下或不恰当的决策导致的资产损失；通过制定合适的制度约束，我们可以实现更加理性和科学的管理方式，从而提高对风险的预防能力，并避免资产的流失；确保所有资产的变化都能在财务报告中得到真实的反映，并确保财务数据的真实性和准确性。

（四）纠错防范

通过建立内部控制体系，形成科学的决策机制、执行机制和监督机制，在保证学校教学和行政管理目标实现的同时，降低了决策失误的概率，实现防患于未然的控制理念。建立内部控制体系，通过对可能出现问题的环节的事前、事中、事后控制，达到规范、制约、监督的作用，发现、弥补管理中的不足，减少出现管理偏差。

（五）信息准确

通过建立内部控制体系，实现会计信息记录的真实性、可靠性和及时性，提高会计信息质量。保证高校的各级管理层能够及时了解、获取准确的财务资料和信息，做出正确的判断和决策。

二、高校内部控制的方法

高校应优化内部组织架构，加强内部控制制度建设，科学划分各管理部门权限和职责；建立风险评估机制，将内部控制理念作为学校的组织文化理念；加强部门间的信息沟通，提高管理信息质量；完善内部审计制度，加强对内控制度的评价。

（一）高校常用的内部控制方法

(1)环境氛围控制。单位长年沉淀的文化和精神所产生的影响。

(2)组织机构控制。部门之间的职责及相互配合所产生的影响。

(3)职务分离控制。职务的相互牵制和相互监督所产生的影响。

(4)授权批准控制。权力下放与受托执行契合度所产生的影响。

(5)人员素质控制。人员素质与岗位需求匹配度所产生的影响。

(6)信息质量控制。信息的准确、完整和可靠程度所产生的影响。

(7)财产安全控制。财产的购进、领用和保管措施所产生的影响。

(8)业务程序控制。对重复发生业务设定标准流程所产生的影响。

(9)目标考核控制。自我总结和自我分析完成情况所产生的影响。

(10)绩效评价控制。由他人对比参考目标进行评价所产生的影响。

(11)内部审计控制。由内部审计部门进行独立审计所产生的影响。

(二)环境氛围控制

1.环境氛围控制的概念

所指的环境氛围控制,实际上是指高校的管理架构、组织结构、权利与责任的分配、人力资源的策略、内部审查流程以及大学的文化背景等多种要素对内部控制产生的综合影响。控制环境揭示了组织内各利益相关方对于内部控制的观点、态度和行动,它构成了高校建立和执行内部控制的核心基石。

2.环境氛围控制的具体方法

(1)治理结构。根据国家法律法规,建立高校章程,规范高校治理结构和议事规则,明确党委会、校长办公会、职代会在决策、执行、监督等方面的权限,形成科学有效的职责分工和制衡机制。

(2)机构设置及权责分配。根据学校特点和内部控制要求设置内部机构,明确职责权力,将权力和责任落实到各责任单位。保证信息畅通、管理高效。

(3)人力资源政策。制定员工聘用、培训、辞退、辞职、薪酬、考核、晋升与奖罚系列制度,不断提升员工素质(有道德操守、胜任岗位工作)。

(4)内部审计机制。保证内部审计机构设置、人员和工作的独立性。

(5)高校文化。加强文化建设,培育积极向上的价值观和社会责任感,倡导诚实守信、爱岗敬业、开拓创新和团队协作精神,树立现代管理理念,强化风险意识和法治观念。

利用校园文化积淀,群众习惯评判对决策和执行者可以产生一种无形压力,促使管理者自觉规范管理行为。

3.高校实施环境氛围控制需要注意的问题

(1)高校环境氛围是高校建立和实施内部控制的基础,高校的领导必须高度重视学校环境氛围控制的建设工作。在实施组织机构控制、职务分离控制等控制办法时,应当考虑到环境氛围的基础配套改造问题。

(2)高校环境氛围是历史积淀形成的,无论是改变旧的环境氛围还是形成新的环境氛围都需要较长的时间,高校领导不能因为收效慢而放弃改造旧环境氛围和建设新环境氛围的努力。

(3)体制机制和高校文化对高校环境控制影响重大,既会影响到治理结构的构成、机构设置和权责分配,也会影响到人力资源政策和内部审计作用的发挥,但归根到底,高校党委书记和校长对内部控制的态度才是最关键的问题。

(4)高校环境氛围控制是一项软控制,建设环境氛围控制既要靠规章制度的约束，也要靠思想教育的支持，因此，环境氛围的建设不是一项纯粹的行政工作，还要同党建工作结合起来，充分发挥基层党支部的战斗堡垒作用，充分发挥共产党员的先锋模范作用，营造良好的高校文化。当前要把“三严三实”“两学一做”和“四比四提升”等党建工作嵌入高校环境氛围控制中来。

(三)组织机构控制

1.组织机构控制的概念

组织机构控制是指通过合理设置并有效发挥高校的内部机构之间相互配合又相互监督的作用所达到的控制。

2.组织机构控制的具体方法

组织机构控制分组织方案控制、组织结构控制和组织系统控制三个方面，具体内容如下：

(1)组织方案控制。通过文件明确各个部门(二级单位)的权力和责任及权责边界。

(2)组织结构控制。明确各部门(二级单位)的相互关系，满足集中领导、分级管理的要求。

(3)组织系统控制。明确部门(二级单位)之间的垂直领导关系和横向协作关系，考虑组织功能的健全性和合理性。

3.高校实施组织机构控制需要注意的事项

(1)高校在实施组织方案控制时，一定要将高校当前部门(二级单位)的权力和责任覆盖范围与高校当前全部工作范围进行对比，一定要做到事业发展到哪里，相关部门的权力和责任就延伸到哪里，消灭管理盲区和责任盲区。避免扯皮推诿现象发生。

(2)高校在实施组织结构控制时，一定要明确部门之间(二级单位)的相互关系，部门之间主动配合、支持并接受监督，积极推动“校院二级管理”改革，逐步将人事权、预算权、学科建设权和学生管理权下放到二级学院，充分调动二级学院办班办学的积极性。职能部门由过程管理转向结果管理，通过服务和监督实现管理目标。

(3)高校在实施组织系统控制时，一定要明确部门(二级单位)之间的垂直领导关系和横向协作关系，如：对高校里的“主持”“分管”“协管”以及“联系”进行清晰的描绘，避免混淆不清，被管单位无所适从的现象发生。

(四)职务分离控制

1.职务分离控制的概念

职务分离控制是指对组织内部的不相容事务工作分别由不同的部门或不同的人

员经办。这一控制能够使有关人员在处理业务时得到“互相牵挂”和“互相制约”，发现错误舞弊，严防错误和舞弊行为发生。

2. 职务分离控制的具体方法

在组织内部，需要实施职务分离控制的事项具体如下：

(1)授权与业务经办分离。采购批准职务与经办执行职务分离。

(2)业务经办与会计记录分离。采购执行职务与会计记录职务分离。

(3)会计记录与财产保管分离。会计记录职务与财产保管职务分离。

(4)业务经办与稽核检查分离。业务经办职务与事后检查职务分离。

(5)授权批准与监督检查分离。采购的批准职务与监督检查职务分离。

(6)保管与清查控制分离。保管某项财物职务与这项财物清查职务分离。

(7)总账与明细账控制分离。记录总账与记录明细账、日记账的人员分离。

3. 高校实施职务分离控制需要注意的问题

(1)在组织内部，如果一个人同时担任几个相互关联的职位，这将增加出错和欺诈的风险，或者增加在出错和欺诈后进行掩盖的可能性。这些职位被称为不相容职务。按照不相容职务分工控制的规定，单一个体不能独立处理一项经济业务。因此，在构建高校的内部控制系统时，首要任务是对学校的经济行为进行深入的审查，明确哪些职位与职责是不兼容的；接下来，我们需要明确各个组织和职位的职责和权限，确保不兼容的职位和职责能够互相支撑和制衡，从而建立一个高效的平衡机制。

(2)“内部牵制”是不相容职务分离的关键所在。在我国的高校中，资金、账务和物资的分管制度得到了广泛的实施。然而，仅仅将注意力集中在钱、账、物的管理上是不足够的。与钱、账、物的管理制度相比，现代组织中的职务分离控制显得更为深入和广泛。例如，在招聘过程中，分数的统计与复核是分开的，劳资部门的工资调整和复核也是分开的。因此，高校的领导应该定期对高校的职务分离进行适当的扩展，以确保任何存在舞弊的地方都会出现不相容的职务分离。

(五)授权批准控制

1. 授权批准控制的概念

授权批准控制是组织内各级工作人员必须经过授权和批准才能对有关的经济业务进行处理，未经授权和批准的人员不允许接触和处理这类业务。

2. 授权批准控制的具体方法

(1)常规授权控制。授予有关人员处理正常范围内经济业务的权限。

(2)特殊授权控制。授予有关人员处理超出一般授权范围特殊业务的权限。

3.高校实施授权批准控制需要注意的问题

(1)在执行授权批准控制的过程中,高校必须清晰地界定常规授权与特别授权的具体含义和要求。所谓的常规授权,也被称为一般授权,是指高校在其常规的管理过程中,根据既定的任务和流程所给予的授权,其目的是为了规定经济活动的权利、条件以及相关的责任方,这种授权通常具有较长的时效性。在其职责和业务处理权限范围内,管理人员可以直接处理业务,无需进一步的请示和批准,这有助于他们迅速地处理业务,避免出现推诿责任的情况。特殊授权指的是在特定的情境和条件下,对于处理非常规交易事宜的权利、条件和责任进行的紧急授权。当业务超越了他们的职责或权限范围时,他们必须得到批准才能处理这些业务。

(2)在多数高校中,二级学院的院长通常是教授或某一学科的领军人物,由于缺乏基层管理经验,对于授权审批和财产清查等具体操作要求了解甚少。因此,高校有必要建立一个全面的授权审批体系,制定常规授权的权限指南,并规范特别授权的范围、权限、程序和责任,以严格控制特别授权的实施。在处理重要的业务或事务时,高校应采纳集体决策的审批或审签机制,不允许任何个体单独做出决策或未经许可地修改集体决策。

(3)在授权批准控制的同时必须明确各级管理人员所承担的责任。权力下放意味着责任下放,但并不会由于权力下放就能够免除授权人的责任担当,授权人授权之后还要继续对接受授权的单位和个人进行指导和检查,促使接受授权的部门和个人加强工作责任心,切实承担履职责任。

(4)在执行授权管理的过程中,常规授权的适用范围既不应过广,也不应过窄。如果常规的授权范围过于广泛,可能导致单位或部门的高层失去对关键业务的主导权,从而降低内部控制的严格性,并可能增加管理上的风险。如果常规的授权范围过于狭窄,所有事情都需要经过请示和批准,这将不可避免地削弱管理人员的积极性和责任感,从而不利于提升管理水平。

(5)授权方式既可以采用书面授权,也可以采用口头授权。为保持内部控制的严肃性,高校应该尽量采用书面授权(写明授权事项、有效时间并让授权人亲笔签名)的方式,方便工作回查和责任追究。尤其是特殊授权,更加需要通过书面形式来表明授权人的委托以及被授权人的受托关系。

(六)人员素质控制

1.人员素质控制的概念

人员素质控制,就是根据“人岗匹配”的原则,将合适的人安排到合适的岗位并加以培养和考核,使人的作用发挥到极致的控制。

2.人员素质控制的具体方法

(1)建立人事任免制度。根据员工的德能表现委派工作,使他们能够胜任各自的工作。

(2)建立岗前培训制度。明确职工必须通过业务考核才能上岗工作,人事部门对新入职员工进行集体培训,让员工了解相关制度和纪律要求。

(3)建立业绩考核制度。建立员工业绩评价指标体系,定期对员工进行业绩考核,打破终身制,实行动态管理,将不能胜任管理工作的人员调离管理岗位,对达不到技术等级要求的专业技术人员实行降级处理。

(4)建立继续教育制度。按照行业规定,建立继续教育制度,定期组织各类人员进行职业道德和技能培训,提高员工的职业道德素质和技术业务素质。

(5)建立奖励惩罚制度。对于爱岗敬业、业绩优良的员工给予肯定、表彰或者提职加薪奖励,对于纪律懒散、给单位带来负面影响的员工进行批评教育,提高职工的工作责任感和荣誉感,提升社会正能量。

(6)建立职务轮换制度。定期调换职工的工作并对职工的工作能力和工作情况进行全面检查,帮助培养职工胜任工作的能力。

3.高校实施人员素质控制需要注意的问题

(1)在所有的管理任务中,人的主观参与是不可或缺的。人不仅是内部控制的策划者和实施者,而且在高校中,内部控制的匹配度和执行效果与员工的专业素养是紧密相关的。高校应当运用特定的策略和工具,对其员工的思想道德、专业技巧和工作能力进行严格管理,确保所有员工的素质与他们所承担的工作职责相匹配,并确保每个人都能胜任自己的职责,从而高效地完成工作任务。

(2)高校中的知识分子属于高智商群体,他们在教学和科研领域的工作环境有着较高的期望。因此,高校应当努力为他们创造一个更为舒适的工作氛围,方便他们浏览和借阅图书和期刊,并为他们提供与地方社会经济发展相关的信息。对于年纪较大且交通不便的教授,我们提供非坐班制的关照。对于那些掌握国家机密或关键科研项目机密的员工,应当制定严格的离岗规定,以防止他们在离岗时泄露国家机密。

(3)任何人群都存在先进、一般和落后三种情况,高校知识分子思想活跃,个性张扬，高校的人事部门要做好分类疏导工作，尽可能通过鼓励先进，鞭策后进，抓两头促中间，培育员工积极向上的价值观和社会责任感。高校的领导层和中层干部要率先垂范，在工作中主动学习新理论和新知识，提高工作能力，在营造良好的高校文化方面发挥关键的作用。

(七)信息质量控制

1. 信息质量控制的概念

信息质量控制是指单位发生的经济业务不仅要形成信息，而且相关信息要准确、完整、可靠、及时并能够共享，对单位的管理和监督工作带来正面影响的控制。

2. 信息质量控制的具体方法

(1)审核控制。记账凭证必须根据经专人审核后的原始凭证进行记录。

(2)内容控制。记账凭证的内容必须保持同原始凭证一致。

(3)编号控制。凭证必须连续编号，凭证的使用必须按编号次序依次使用，领用空白凭证必须经过登记备案手续。

(4)用途控制。凭证的正、副联必须复写填制，各联凭证必须注明用途，严格按规定用途使用各联凭证，报废凭证必须注明“报废”字样，并妥善保管。

(5)复核控制。建立定期复核制度，定期对凭证的填制、记账、过账和编制报表工作进行复核。

(6)核对控制。建立总分类账与明细分类账、日记账的核对制度。

(7)签名控制。业务经办人员在处理有关业务后必须签名盖章，以备今后追溯责任。

(8)传递控制。建立完善的凭证传递程序。

(9)分析控制。建立会计信息的定期分析制度，及时发现和纠正信息谬误。

(10)清查控制。定期或不定期地对库存现金、银行存款、各项金融性资产以及各项财产物资进行清查，根据实存数调整账面数，查明盘盈盘亏原因，确保账实相符。

3. 高校实施信息质量控制需要注意的问题

(1)信息质量控制严密才能确保信息准确、完整和可靠，才能为今后回查提供资料保障。因此，信息质量控制是内部控制的重要控制措施，高校领导必须高度重视信息保管和信息利用工作，通过信息质量控制促进高校内部控制的建设和健全。

(2)信息质量控制最重要的方面就是会计控制系统的建立，对于已经利用网络报账的高校，要特别重视局域网的安全保障建设工作，电子档案要搞好备份，异地存放，同时要按照档案管理要求定期整理归档纸质资料。

(3)建立质量控制规章制度,形成规范的控制流程,养成自觉履行控制的工作习惯。根据会计凭证保管期限由15年调整为30年的规定,及时做好会计档案室的建设工作,做好档案室的防火、防潮、防盗、防虫蛀鼠咬工作,保证会计档案得到完整存放。

(八)财产安全控制

1.财产安全控制的概念

高校为保证财产安全而采取的一系列控制措施。

2.财产安全控制的具体方法

(1)财务控制。发生经济业务要立即记账,特别是库存现金、银行存款等业务,更加需要重视财务控制,以防现金被贪污挪用。

(2)盘存控制。定期对实物资产进行盘点并将盘点结果与会计记录进行比较,采用永续盘存的方法反映财产物资的增减变动情况,随时反映财产物资的进、出、存情况。

(3)接触控制。严格限制未经授权的人员接触资产,对货币资金、有价证券、贵重物品、存货等变现能力强又便于携带的资产必须限制无关人员的直接接触。

(4)档案控制。建立财务档案保管制度,编制档案清册并妥善保管,防止抽换和篡改档案资料,对财产物资进行科学编号,便于清点。

3.高校实施财产安全控制需要注意的问题

(1)财产是高校资金、财物及民事权利义务的总和,按是否具有实物形态,分为有形财产(如资金、财物)和无形财产(如著作权、发明权);按民事权利义务,分为积极财产(如金钱、财物及各种权益)和消极财产(如债务)。保障财产安全特别是资产安全,是内部控制的重要目标之一,因此,高校实施财产安全控制,不能仅仅局限于有形财产和积极财产,还要同时关注无形财产和消极财产。

(2)高校科研人员为了方便使用,在科研专项经费充足的情况下都会提出设备购置请求,“重购买、轻管理”是高校财产管理存在的普遍现象。事实上,设备空置浪费行为同资金浪费行为并没有什么本质区别。因此,高校在实施财产安全控制时,要特别注意做好防止财产隐形流失现象的发生。

(3)部门之间定期清查盘点并相互核对是预防财产流失的有效手段。财产安全既要依靠使用部门的悉心保管,同时也离不开财务和设备归口管理部门的账目控制和日常监督,高校要建立起财产部门、设备管理部门和设备使用部门信息互通并“同抓共管”的财产管理平台。

(九)业务程序控制

1. 业务程序控制的概念

业务程序控制是指对重复发生的业务采用规范化、标准化的手段对业务处理过程进行的控制。

2. 业务程序控制的具体方法

(1)凭证传递标准化。明晰凭证取得、粘贴、签批到归档的标准化流程。

(2)记账程序标准化。明晰报账审核、复核、付款和记账的标准化流程。

(3)收支程序标准化。明晰资金从收入取得到支出经办系列标准化流程。

3. 高校实施业务程序控制需要注意的问题

(1)业务程序标准化,可以确保工作有条不紊,防止杂乱无章,提高工作效率。高校各部门都应该立足于“简化流程,保证质量”,对各级人员的业务范围、权责以及业务处理的基本程序建立起标准化的工作流程。

(2)高校各部处(包括二级学院)都要根据每项业务流程制作工作手册并公布投诉电话,或制作宣传栏张贴上墙,或利用部门网页予以公开,方便有需要的人员浏览阅读。公开业务程序标准化,既可以方便群众事先做好材料和手续的准备工作,又便于社会公众对具体办事人员实施投诉监督。

(十)目标考核控制

1. 目标考核控制的概念

高校目标考核是按照一定的指标或标准去评判部门和人员工作业绩,并根据衡量结果给予相应奖惩的管理活动。

2. 目标考核控制的具体方法

(1)目标定量考核控制。建立系列定量考核指标(包括绝对值指标和相对值指标),将被考核者的实际完成量与设定的目标完成量进行对比。

(2)目标定性考核控制。建立系列定性考核指标(优、良、中、差),将被考核者实际工作表现与设定的目标要求进行对比。

3. 高校实施目标考核控制需要注意的问题

(1)目标设定要考虑科学性

量化指标,如入学率、毕业率、就业率、课题中标率、节电额、论文发表篇数等,是最容易进行考核的指标。这些指标不仅便于统计,也便于总结考核结果,因此受到了广泛的欢迎。然而,并不是每一项管理和服务任务都能通过量化的方式进行评估。例如,学生宿舍管理员的工作表现很难用量化的标准来衡量。对于这类服务性工作,应当在学生评价的基础上进行综合考核。因此，在高校执行目标考核和控制时，必须仔细考虑目标设定的科学性问题。

(2)目标考核要考虑公平性

目标考核的目的是通过考核达到鼓励先进、鞭策后进、以点带面、推动整体达标。目标考核公平才能得到被考核者的信任和尊重。因此，高校应结合被考核者的自我考核、群众测评和专家考核的方式进行目标考核，考核专家的人选既要具备专业能力又要处事公道，作风正派，实事求是，保持考核评价的公平性。(3)目标考核要实行动态管理

高校目标考核涉及考核主体、考核对象、考核要素、考核标准、考核方法、考核程序等因素，既需要建立起完整的绩效评价体系，又要建立被考核者的日常业绩数据库，及时采集被考核者的工作业绩信息，做到按月、按学期或按目标完成计划周期内收集与反馈目标考核信息的工作，实施考核全过程动态管理，为考评提供较为翔实的参考依据，减少人为主观评判误差。

(十一)内部审计控制

1. 内部审计控制的概念

内部审计控制指的是高校的内部审计部门或国家审计机构、社会审计组织对高校及其下属单位的内部控制设计和运行的完整性、有效性进行评估的一种方法。高校的内部应构建一个完善的内部控制结构，这不仅包括一个健全的内部控制应用框架，还应涵盖一个全面的内部控制评估体系。内部审计，作为内部控制体系的一个重要环节，本质上就是一种内部控制机制；内部审计不仅要对高校的内部控制进行评估，而且可以看作是对内部控制的再次控制。

2. 内部审计控制的具体方法

无论是事前审计还是事中审计或事后审计，为了取得准确的审计证据，通常都会采用一些合适的方法。一般而言，内部审计控制的具体方法如下：

(1)审核法。对会计记录和其他书面材料进行审阅与核对，如查阅会计资料、预算、计划、会议记录及各种规章制度等资料使用情况。

(2)监盘法。内部审计人员在现场观察被审计单位存货的盘点，对已盘点的存货进行适当检查。对有形资产、现金、有价证券的审计一般都会采用本方法。

(3)观察法。内部审计人员实地查看被审计单位的工作场所、实物资产和有关业务活动及其内部控制的执行情况，以获取审计证据。

(4)询问法。审计人员与被审计单位或有关人员进行面对面交谈以了解有关情

况、收集审计证据。

(5)函证法。为证明被审计单位会计资料所载事项而向有关单位或个人发函询证,要求第三方就业务和相关金额予以回复确认。

(6)复核法。通过对会计记录中的期末余额、小计、合计、差数、积数、商数等进行复算,以检查计算技术上有无错误、数字是否正确。

(7)专题调查法。为了证实某一特定事项,回答某一特定问题而对某审计事项进行的一项专门的调查。

(8)分析性复核法。审计人员通过分析被审计单位重要的比率或趋势,包括调查这些比率或趋势的异常变动及其与预期数额和相关信息的差异而获取初步审计线索。

高校的内部审计部门以其独立性、客观性和权威性为特点。这些审计机构负责对学校经济活动中可能出现的风险进行全面排查,分析关键控制点和控制措施,并对规章制度的执行状况进行评估,这有助于推动高校及其下属单位加强和优化内部控制体系的建设。

3.高校实施内部控制审计需要注意的问题

(1)高校内部审计是一种独立、客观的确认和咨询活动,它通过运用系统、规范的方法,审查和评价单位的业务活动、内部控制和风险管理的适当性和有效性,以促进单位完善治理,提高教育资金效益,更好地为教育目标的实现服务。

(2)高校的管理团队应当高度关注内部审计,因为内部审计制度是实施内部控制的关键工具。所有高校都应当建立独立的审计部门,这些部门应在学校校长或其分管领导的直接指导下,根据国家的法律法规、政策,以及教育和审计主管部门以及学校自身的规章制度,独立地进行审计活动。审计机构应对学校的主要或分管领导负责并进行工作报告,同时也应接受国家审计部门和教育主管部门内部审计机构的业务指导和检查。独立性构成了内部审计的核心精神,因此,高校中的内部审计专员在执行审计任务时,必须严格按照法律规定,独立地发表他们的审计观点。

(3)内部审计控制是内部控制的一种特殊形式,内部审计机构应当结合内部审计监督发现的问题,对被审计单位内部控制的有效性进行监督评价。内部审计机构对监督检查发现的内部控制缺陷,应当按照高校内部审计工作程序进行报告,责令整改,借以增强内部审计“免疫系统”功能。

(4)高校的内部审计已由早期的“查错防弊”向“管理审计”扩展。高校内部审计机构要加强对审计人员的业务培训，保证内部审计人员能够准确掌握内部审计的各种方法，善于利用审计方法获取审计证据，准确做出审计结论，保证审计结论的权威性。

(5)内部控制的监督工作是高校运行的“免疫系统”。既然是免疫系统，就应该充分发挥“内生性力量”的作用，更早地感受到各种风险，更快地发现自身机体的“病灶”，更好地调动“免疫系统”的功能来防范和解决问题，决不能等到“病入膏肓”时再靠“外生力量”解决问题。①

第三节　高校内部控制的原则

设计内部控制的总体思路是：借鉴内部控制理论，依照内部审计准则——内部控制的基本架构，结合高校管理实际，设计出满足高校需要的内部控制体系。设计高校内部控制体系应遵循六项基本原则。

一、相互牵制原则

一项全面的经济活动，应当由两个或更多具有相互制衡关系的职位的员工分别来完成。也就是说，在处理横向关系时，至少需要两个相互独立的部门或人员来负责，这样可以确保该部门或人员的工作受到另一个部门或人员的监督和限制；在垂直关系中，至少需要通过两个或更多不属于同一体系的职位和环节，以确保下属受到上级的监管，而上级则受到下级的制约。该理论的基础是，在一个相互制约的环境中，多个人发生相同错误而不被察觉的概率，实际上是每个人犯同样错误的概率的乘积，这有助于显著减少误差率。

二、协调配合原则

在各项经济管理活动中，各部门或人员必须相互配合，各岗位和环节要协调同步，各项业务程序和办理手续需要紧密衔接，避免扯皮和脱节现象，减少矛盾和内耗，以保证经济管理活动的连续性和有效性。

三、程式定位原则

组织应该根据各岗位业务性质和人员要求，相应地赋予作业任务和职责权限，规

① 宋文秀.高校内部控制规范实施探析[J].财会研究，2015(2)：37－39.

定操作规程和处理手续,明确规则和检查标准,使得职、责、权、利相结合。岗位工作程式化,要求做到事事有人管,人人有专职,办事有标准,工作有检查,以此定奖罚,以增加每个人的事业心和责任感,提高工作质量和工作效率。

四、成本效益原则

为了获得最佳的控制效果,我们应该尽量降低控制成本。执行内部管理控制不仅需要支付一定的成本,同时也能通过这种方式实现成本的节约和效益的提升。在构建内部控制体系的过程中,成本效益原则要求我们在投入与产出之间找到一个平衡点。

通常情况下,内部控制环节的数量越多,相应的控制措施也就越复杂,从而实现更好的控制效果,但这也意味着相应的控制成本会相应增加。因此,在构建高校的内部控制系统时,首先需要遵循重点性的原则,并有针对性地控制关键的控制点;其次,我们需要减少控制的开销,确保内部控制的费用低于未执行内部控制可能导致的欺诈等损失,并努力在较低的控制成本下获得更好的控制成果。

五、整体原则

根据内部控制的核心框架,内部控制系统由控制环境、风险控制、控制行为、信息交流和监管五大部分组成,这五个部分都与各个业务和部门紧密结合。在设计系统的过程中,我们需要确保所有的控制元素、各个业务流程或各个部门的子控制系统能够紧密结合,从而构建一个完整的组织内部控制框架。在执行各种经营和管理任务时,所有部门或员工都需要紧密合作,确保各个职位和环节之间的无缝对接,防止管理上的空白或重复的工作,降低内部消耗,并确保所有业务活动的连续性和高效性。此原则旨在防止仅仅关注某一或几个方面而忽略整体的控制,确保内部控制系统既能相互配合,又能照顾到整体的需求。

六、适用原则

适用的准则主要涵盖了两个方面的含义。首先,内部控制的设计必须满足所属高校的需求,并与学校的总体管理策略保持一致。教学型公立高校构成了一个庞大的分类体系,由于各学校在办学目标、特色、学科设置、专业设置、办学历程以及所处的行政区划等方面存在差异,因此在构建其内部控制体系时,必须充分考虑到各高校的具体实际状况。其次,内部控制的设计并非最终目标,其真正的意图是确保学校的所有成员在达成一致意见后，遵循内部控制体系的规定。高校内部控制目标的达成依赖于学校全体成员的积极参与。仅当内部控制策略与组织和员工的职责相匹配时，我们才能激发学校员工的工作热情，并确保有效的管理控制。确立一个观点，即学校里的每一个成员都应对其内部控制承担责任，这是至关重要的。此措施有助于加强学校员工之间的团结，鼓励他们主动地遵循和保持内部控制体系，并严格按照内部控制规定和程序行事。

组织的内部控制机制应当与其基本属性和实际状况相匹配，目标明确，最大限度地激发组织成员的工作热情，确保组织的高效管理。

第四节 高校内部控制的步骤

内部控制不仅仅是建立内部管理制度，它更是一种独特的自我约束和管理控制的管理框架。高校的内部控制设计主要围绕内部控制整体框架的五大核心元素，并确保它们之间的有机融合，从而构建一个和谐统一的内部控制结构。

内部控制的设计流程旨在通过特定的策略和工具来达成内部控制的预定目标。组织内部控制的构建主要是为了实现组织的目标。通过深入分析实现这些目标所需的关键活动，我们设计了一系列旨在降低管理风险和确保目标达成的管理和控制措施。同时，通过严格的监督和控制，我们能够及时发现潜在的缺陷并对控制体系进行修正。内部控制作为一种管理工具，适用于组织的各种需求，它可以根据不同的需求进行灵活的设计，而不是一成不变的模式。通常情况下，内部控制的设计流程主要涵盖了以下四个核心步骤：明确控制的目标、识别关键的控制点、制定相应的控制策略以及整合整个控制流程。

一、确定控制目标

（一）控制目标

这不仅是管理经济行为的基础准则，同时也是执行内部控制的终极目标，更是衡量内部控制效果的最高准则。在日常的工作实践中，管理团队和审计团队总是基于设定的控制目标来构建和评估内部控制体系。因此，在设计内部控制系统时，应依据经济活动的具体内容和管理需求来设定内部控制的目标，然后根据这些目标，挑选出能满足这些目标的内部控制元素，从而构建一个完整的控制体系。

针对不同的目标要求，可以将各项基本控制目标进一步细化，划分为若干具体控制目标，以保证明确内部控制设计目的。

（二）遵循目标

其核心目的在于确保所有的经济和财务活动都严格遵守相关的法律法规和规章，以确保这些活动的合法性。在进行内部控制的设计过程中，我们可以进一步细化遵循的目标，将其细化为更明确的目标，确保所有活动都符合高等教育法的规定；确保所有的经济行为都严格遵守民法典和招投标法的规定；确保财务操作严格按照高校的财务管理规章来执行；确保所有的财务行为都与事业单位的财务管理规定相一致。

（三）规范管理

该计划的核心目标是确保高校的所有活动都严格按照高校的上级管理部门和内部管理规定和程序来执行，确保所有活动都是有序的、合理的和符合程序要求的。在制定内部控制策略时，我们可以将管理规范的目标拆分为确保相关工作人员符合职责授权的控制要求；确保相关的工作人员满足职务不兼容的分离控制标准；确保对相关工作人员的文档记录进行严格管理；对大型筹资和投资活动的决策流程进行严格控制；对财务预算和决算的流程进行严格控制；在财务决策、基础设施项目以及物资采购方面进行程序性的控制；关于教学和科研资金管理的流程控制等方面。

（四）资产安全

其主要目标是维护高校财产物资的安全、完整、真实。在内部控制设计时，可以将规范资产安全目标分解为：保证高校经济活动中资产的安全；保证资产管理的全面、完整；保证对外筹资、投资中高校资产的安全；保证高校活动中资产的经济性、效率性、效果性；保证高校资产与记录的有效控制；保证资产内部稽核控制；物资采购业务控制等。[①]

（五）纠错防范

其主要目标是建立自我约束、自我完善、自我防范的机制，及时发现、纠正管理中的不足。内部控制涉及高校管理的方方面面，纠错防范也包括高校管理的各个方面，在内部控制设计时，可以将纠错防范目标分解，进一步满足控制设计需要。

（六）信息准确

该策略的核心目标是确保资产管理和会计信息记录的准确无误。在设计内部控制时，我们可以将这一目标细化为更具体的目标，包括确保会计原始凭证和记账凭证

---

① 刘罡.高校财务内部控制实务[M].北京：中国农业大学出版社，2018.

的准确性；确保会计记录的准确无误；确保财务报告的精确度等方面。

二、鉴别关键控制点

从理论角度看，控制意味着对业务活动中的每一个环节都实施有力的管理。采取这种方式既具有挑战性，也需要付出巨大的代价。事实上，如果我们能够对那些容易出现误差或可能出错的业务环节，也就是关键的活动点，进行高效的管理和控制，那么我们就可以确保达到预定的控制目标。因此，对于控制环节或者控制点的管理显得尤为关键。

从控制点的功能发挥程度来看，它们可以被分类为关键控制点和普通控制点。在业务处理中起到关键作用、影响范围广泛，甚至可能决定整体效果的各个工作环节，都是至关重要的控制点。关键的控制点在确保业务活动控制目标的实现上起到了不可或缺的作用。与此相对，那些仅在特定区域起作用并对特定区域产生影响的控制点被称为一般控制点。在材料采购业务中，“验收”控制点对于确保材料采购业务的完整性和实物的安全性等关键控制目标具有至关重要的作用，因此它被视为材料采购控制系统中的核心控制点；与此相对，像“审批”“签约”“登记”和“记账”这些控制点，也就是我们通常所说的一般控制点。需要强调的是，在某些特定条件下，关键控制点与一般控制点是可以互相转换的。在这个业务活动中，一个控制点是至关重要的，而在另一个活动中，它可能是普通的控制点，反过来也是如此。因此，识别关键的控制点成为优化内部控制设计的关键步骤。

三、制定控制措施

鉴别关键控制点的主要目标是为了设计出有效的控制措施。因此，对于控制点，尤其是那些关键的控制点，实施适当的控制策略以实现高效控制，成为内部控制设计的核心目标。所谓的控制措施，是为了针对控制点，制定各种预防和识别错误的控制方法和操作流程。例如，在现金的管理过程中，涵盖了如审批、制定单据、审核证明等关键控制步骤。“审批”被视为一个核心的管理环节，为此，我们可以考虑：由主管人员授权来处理现金的收入和支出业务；处理人员需在现金收支的原始凭据上进行签名或加盖印章；部门的负责人对该凭证进行了审核，并签署了批准的三项控制措施。例如，在设计银行存款控制系统时，“结算”被视为一个核心控制环节，允许出纳员对原始凭证进行核实；完成结算凭证的填写或获取；盖上确认收货或付款的戳记；进行签名或者盖上印章；实施登记结算登记册的五项管理措施。从上述两个例子中，我们可以观察到：当控制的目标和业务内容存在差异时，相应的控制手段也会有所不同。在设计控制策略时，我们需要特别关注控制点，尤其是那些关键的控制点，并确保它们与控制的目标和业务内容是一致的，从而进行有针对性的设计。

四、整合控制流程

控制流程是一个基本的控制步骤和相应的环节，它们依次贯穿于某一业务活动的整个过程中。控制流程通常与业务流程高度一致，主要是由控制点构成的。在进行内部控制的设计过程中，我们可以根据特定的目标和业务工作流程来确定关键的控制点，从而构建出某一活动的完整控制流程。通过严格的控制和监督，一旦检测到业务控制流程中的缺陷，我们可以根据实际需求对其进行调整和修正，或者按照既定的控制目标和原则，对现有的控制流程进行必要的调整和整合。

第二章　高校内部控制建设

第一节　高校内部管理的特点

特征是事物的特有属性和本质，是一事物区别于其他事物的显著征象和标志，是事物重大的特殊的现象或外部表现。克拉克是美国当代著名高等教育学家和社会学家，克拉克认为，高等教育系统是由生产知识的群体构成的学术组织，高深知识是高等教育系统的本质特征。

一、组织结构特点

高校的使命决定了高校重视组织的长远目标和长期效益。高校是世界上历史最悠久、最古老的组织形态。经过几个世纪的发展，高校已经形成了自己的组织结构特点。

对于高校的组织结构，克拉克认为，高等教育系统内围绕学科组织的第一个重要方面是工作结构。工作单位或单所高校都是综合性组合体，它一方面把化学家、心理学家和历史学家这些不同的专家联系在一起，另一方面又将专家与非专家，教授、学生与行政管理人员联系在一起。而学科明显是一种联结化学家与化学家、心理学家与心理学家、历史学家与历史学家的专门化组织方式。学科同样具有综合性，它不是根据所在地点实现专门化，而是形成一个跨地区性的行会性的利益团体。克拉克认为，学科和院校两种组织模式相互交叉，构成了高等教育系统的总体矩阵，总体矩阵是工作划分的基础方式。大学教师既归属于一门学科之中，又归属于一所特定的大学或学院之中。学者两条成员资格线的交叉，就是高等教育系统的总体矩阵，高等教育的特点就表现在这里，因为在别的地方找不到具有同样范围和强度学科和事业单位组成的矩阵。正因为学科和事业单位在大学和学院的基层单位汇合，因此，我们可以把这种单位称为重在基础的组织。在这种组织内，教学事业中的每个学科（或跨学科）单位在第一线任务方面都具有不言自明的重要性。当每个单位都在这个组织内或在自己的学术领域中变得有权威时，它们就获得了不同的特殊地位。高校组织结构的这种特殊性，决定了高校组织具有自身的特点。

(一)保守的体制

大学乃至整个高等教育系统往往像一潭死水，严重阻碍变革。因为大学作为一个相对稳定的机构，有保持其传统的惯性或惰性，而且需要为它的教师创造一种稳定、安全、持续的学术环境，这使得本已保守的教师团体更加保守。从现实我们可以看到，高校远不如企业在面对生死攸关的市场时反应得那么敏捷，创新那么强烈，有人戏称“高校是市场经济的最后一块堡垒”。

高校组织的这种特点，与当今大力提倡的学习型组织的管理理念和管理模式相差甚远，甚至在价值取向上与学习型组织所强调的组织创新性也格格不入。

(二)组织结构近似“科层制”

按照马克斯·韦伯的观点，官僚组织模式——科层制，应具有三个基本特征：①组织中的人员应有固定和正式的职责，并依法行使职权；②组织的结构是一层层控制的体系，组织内按照地位的高低规定，成员间存在命令与服从的关系；③专业分工与技术训练，对成员进行合理分工，并明确每个人的工作范围、职责、权限。

高校的组织结构，特别是公立高校，在纵向上分为校、院、系等若干层级；在横向上，每个层级分为若干科室等机构，形成了纵横交错的矩阵式权力体系，即符合“科层制”或“官僚制”的总体框架。但是，因为这种“科层制”拥有自己的一些特殊性，偏离了严格意义上的科层制，所以称为“近似的科层制”更为确切。这些特殊性主要表现如下：

第一，高校组织的人员构成大多数为具有一定专业知识的专业人员，对专业人员的管理不能仅以官僚结构为基础，在学校和各二级学院的管理中，必须承认教师的专长和教师群体的专业水平，仅靠绝对的权力，是不能发挥教师的积极作用的。

第二，高校组织结构的划分、分工，很大程度上是依照一定的学科结构的。依照学科结构划分组织，就会在整体上形成松散性和专业性两个基本特点。每个学科、专业拥有自己的学术特点，学科的不断专业化，更加增大了学科权力；而且，学科中的一些知名学者、专家的影响力，在学科声誉上甚至超过了校长的知名度，使得这些知名学者所代表的学科的学科权力越来越大，甚至影响到了组织决策权力的发挥，这与科层制组织有很大的不同。[①] 第三，高校组织结构中包括一些相对独立的子系统——各二级学院，各二级学院在进行教学、科研等活动中，在学校授权范围内具有一定的独

---

① 刘盈池．高校财务内部控制与绩效管理研究[M]．北京：新华出版社，2022.

立性、专业性、主动性，这一特点使得高校的组织结构成为松散与集中结合的统一体。组织中松散性结构的特点，要求学校给予子系统更大的自由度和决策权，这与严格的科层制有较大的差异。

（三）相对独立与集权的结合是组织的基本属性

高校之所以能够长久存在，与其非营利性组织特点和组织的基本属性直接相关。

教育组织的基本属性是什么？以社会学制度理论的观点，高校组织的基本属性不是理性行动的结构性表达，而是稳定发展进化的社会系统与模式。即组织并不是像韦伯所设定的那样，为了达到一定的组织目标，按照组织目标以效率为原则而设计的组织。相反，高等教育组织是一个渐进的发展性组织，其基本属性是组织中既有相对独立性又具有集权性，是二者的统一与有机结合。独立性与集权性的结合，保证了高校能够以自身的运转轨迹不断地向前发展。

高等教育依靠的是个人首创精神和创造性活动，而个人首创精神和创造性活动的发挥需要时间和精力。高校取得成绩所需要的时间和付出的代价要比工业企业长很多，也多很多。因此，为激励教师的个体创造性，组织的民主管理与学术自主就显得十分重要，从而在组织结构上也要求与之相匹配，需要给个体创造者一定的自由、独立的空间和权利。美国学者威克曾提出高校组织的基本属性是松散结合的组织。一方面，高校的行政管理是按照严格的层级进行的，校长具有绝对的权力，即具有集权性；另一方面，高校组织中的一些子系统具有很大的教学、科研管理的独立权限，即具有相对独立性。因此，高校组织形成了一个能够满足自身特性需要的组织属性。即高校是一个在渐进发展过程中，在科层制基础之上，结合自身特质而演变而成的特殊组织。表面上是一个科层制式组织，而实际上学校对组织教学、科研等活动的各二级学院有很少的控制，学校内部各二级学院之间也较少有协调和关联，是一个行政权力集中，学术权力相对独立、分散的有机体。因此，高校作为组织整体，抗拒外界环境变化的能力很强，往往不会随外部环境的变化而迅速调整。

二、行政管理的权力特点

从各种权力的构成与运作方式来看，我国高校的外部管理属于政府主导管理的权力方式；内部管理属于以行政权力为中心的权力模式，是行政体系在高等教育系统的延伸。以行政权力为中心的管理模式，使管理充满了行政化倾向。党委领导下的校长负责制，使党的组织原则成为高校的组织原则，整个高校的组织架构与运行都是在这一原则下进行的。高校组织结构与功能的行政化原因是多方面的。其中包括：

中国传统文化的积淀；政治体制的浓缩；管理体制的养成；全额财政拨款的管理体制等等。高校是一个以研究知识、传播知识、创造知识为核心的特殊社会机构，也是国家政治制度的一部分，其行政权力主要具有强制性、一元性、科层性与集权性的特点。

(一)权力的强制性和贯彻的相对弹性的统一

行政权力通过命令、指示、决议等作用方式，要求被管理者服从与执行。作为实现特定目的的执行力量，如果有人违抗了行政权力意志，就会由强制力量要求其贯彻执行，这就是权力的强制性。强制性是行政权力的首要特征。

当前，许多高校的办学理念，往往就是通过一系列指标的形式，在办学过程中被强制化的。因此，高校行政管理的权力特征具有一定的强制性。同时，高校是一个相对自由松散的学术联合体，学术自由、独立与学科发展的内部逻辑，常常与行政权力相对抗，削弱了行政力量的强制力，使得行政权力的贯彻存在较大的弹性，在强制性的权力特点之中，加入了贯彻相对弹性化的元素。

(二)权力的一元性与整体性的结合

高校实行党委领导下的校长负责制、行政组织为校长负责制的领导原则。高校的行政权力为以一个最高行政首长为权力核心，由监督系统和多个执行职能机构组成的一个权力整体。

权力一元性，表现为高校行政权力是以校长为核心。行政权力的目的、运行方式及其结果都表现为从高校的整体利益出发，以保证整个组织协调有效的运行，具有一元化的整体性。

高校内部学术权力的特点是关注学科和专业的发展，学术权力完全以学科为轴心。通常，普通高校的行政权力主体与学术权力主体具有复合性，在很多高校中，校长、处长、院长等在校行政权力系统中占据重要行政职位的人员，同时又是学术领域中声名显赫的教授或学科带头人。因此，通常高校中行政权力与学术权力具有交叉与重叠性，体现为权力的一元性和整体性。

(三)近似科层制和集权结构

由于高校的组织结构呈现近似科层制特点，其行政权力呈现出一种近似科层制的层级和集权结构的特点。权力结构以等级制度为依托，以近似科层化的方式自上而下渗透长官意志，维持高校内部管理系统的正常运转，体现了近似科层制组织机构的权力需求和权力特点。这种结构特点在很大程度上具有官僚组织模式的特征，它依赖于规章制度所赋予的权力，强调成员对组织的忠诚、对等级权力的服从。高校具有近似科层制结构的行政权力系统，使之并不能像严格的韦伯式行政组织那样运行，行政权力运行具有不规范性和低效率性。

三、资金管理特点

为什么高等教育要由高校这种社会机构来实现，而不是由工商企业或政府组织等制度形式来提供？从制度经济学来看，高校是社会分工的产物，由它来履行高等教育的使命，能够有效地节约社会教育资源、合理地配置和整合教育资源。高校能够有效地完成社会使命的根源在于它是一个不以营利性为目的的公益性组织。换言之，非营利性是高等教育完成社会使命的制度基石。从制度角度来看，非营利组织的体制具有鲜明的特点，主要表现为：具有免税优惠政策；政府资助和社会捐赠使之具有资金投入优势；学校运行遵循学术标准，能够很好地保证教育质量；产权模糊，无成本约束和利润压力，管理效率低下；追求卓越，成本最大化。

高校的非营利性，决定了它的资金管理具有一定的特殊性。在我国，高校是根据国家下达的招生计划和工作任务，使用国家提供的拨款、学生上交的学费以及用其他方式筹集到的资金，为社会培养高级专门技术人才，提供科研成果和服务的组织机构，不以营利为目的。目前，高校为了扩大资金来源，设立了诸如附属工厂、农场、研究所、医院、出版社，并实行企业化管理和有偿服务的机构，尽管这些不构成高校资金管理的主流，但也给高校的资金管理增加了难度。高校资金管理主要具有以下四个特点。

（一）资金需求的无限性

困扰世界各国高校发展的一个重要问题就是教育资源问题，这与高校对于资源的无限性需求具有直接关系。高校的非营利性和准公共产品性，决定了学校对资源的需求是无限的。对于高校而言，其运行机制不是建立在节约成本、追求利润上，而是追求学校的卓越和长远发展。知识的传播与创造是需要大量的付出和巨大的资金投入的，办学的“成本”是很高的。学校会随着办学目标的不断调整，设置新专业、购置新设备、引进所需人才、开展科学研究、为学生提供必要的服务，这些都需要不断的资金投入。

（二）资金管理范围的广泛性

计划经济条件下，高等教育系统是整个计划体制的一部分，高校是政府部门的附属物，政府拨款是高校经费的唯一来源，个人和企事业单位从高等教育中获得的收益是统合在整个国家利益之中的。按照市场经济的“受益者应根据其支付能力分担成本”的原则，改革过去那种单纯依赖国家拨款的高等教育经费来源结构，多渠道筹措高等教育办学经费，成为不可避免的历史选择。通过十多年的改革实践，初步形成了“财、费、税、产、社、基、科、贷、息”等多渠道的高等教育经费来源，使得高等教育的经费总量有了明显增长。高校资金涉及范围广泛，除了大量的国家拨入资金外，还包括各种类型的附属单位，如附属工厂、农场、医院、设计所、出版社、校办工厂等资金的管理。为此，建立有效的管理与内部财务控制体系，必须将该部分的资金内容纳入高校内部会计控制体系。在高校内部会计管理与控制中，既要遵守高校财务制度，还要执行有关行业的财务制度和规定。

（三）资金管理内容的复杂性

高校内部，既有从事基本教学、科研业务的单位，又有从事服务性、生产性的单位；既有“只有支出，没有收入”的单位，又有“收大于支”或“支大于收”的单位。既有国家预算拨款、各方无偿捐赠的资金，又有学生上交的学费收入以及对外有偿服务收入；既有国家指令性计划，又有指导性计划，资金管理的内容比较多样。市场经济的建立、发展，使学校外部环境发生了更大的变化，高校内部资金管理的内容呈现出越来越复杂的发展趋势。

第二节　高校内部控制建设的依据

一直以来，我国事业单位都是借鉴和采用企业内部控制制度来进行自身内部控制制度建设。然而，我国行政事业单位与企业单位存在较大区别，为了提高行政事业单位管理水平和风险防范能力，财政部在 2012 年印发了《行政事业单位内部控制规范（试行）》，自 2014 年 1 月 1 日起施行。这标志着我国开始从制度上对行政事业单位的内部控制制度进行规范，作为行政事业单位的高校内控建设也有了法律依据。

一、行政事业单位内部控制规范基本框架

《行政事业单位内部控制规范（试行）》主要包括总则、风险评估和控制方法、单位层面内部控制、业务层面内部控制、评价与监督、附则等内容，对内部控制的定义、目标和建立与实施原则进行了阐述，指出应对各单位的业务流程和业务环节进行梳理，确定相应的风险点并采取应对措施，并以此为基础健全单位的各项内部管理制度。

行政事业单位内部控制规范从单位层面和业务层面两个方面对行政事业单位内部控制加以规范。

单位层面内部控制活动针对各项经济活动进行环境评估和控制设计，主要着眼

于组织机构的构建，决策、执行、监督三权分立机制，以及责任分工和关键岗位责任制的建立，人员、业务流程和信息的沟通协同机制；业务层面内部控制活动是针对各项经济业务制定具体控制政策和程序，主要围绕行政事业单位的关键业务环节和存在一定风险隐患业务展开，如预算业务、收支业务、资产业务、会计业务等，使内部控制规范具有一定的可操作性。[①] 除此之外，规范还从单位层面和业务层面指出单位在进行风险评估时应重点关注的内容，并明确了包括不相容岗位分离、内部授权审批控制、归口管理等一般控制方法。

风险评估是行政事业单位关注单位层面和业务层面风险并进行识别和评估的过程，单位层面重点关注组织机构是否健全、内控制度是否完善、关键岗位人员的胜任能力，信息编报是否及时准确；业务层面风险重点评估预算业务、收支业务、资产业务、政府采购、合同管理等业务环节是否建立了健全的管理体制，业务执行是否有效等。

评价与监督是内控设计与执行的重要保障，通过定期或不定期相结合、日常和专项相结合的原则，开展对内部控制有效性的检验评估，并发现和整改内部控制设计和运行中存在的问题和薄弱环节。

二、行政事业单位内部控制规范实施对高校的重要意义

相比于企业内部控制制度及规范发展的成熟性，高校内部控制的发展起步较晚，最初并无较为系统的制度对高校内部控制进行规范。然而，随着高校规模不断扩大，高校内部控制逐渐被提上议题，国家也先后出台了相关制度和文件对其进行规范，从近十几年来我国涉及高等学校内部控制制度、规范的相关文件进行对比，可以看出在《行政事业单位内部控制规范（试行）》出台前，有一些文件虽然已经涉及高校内部控制的某个方面或部分，但是与《行政事业单位内部控制规范（试行）》相比，无论是从目标还是内容上看，都缺乏全面性和系统性。2012 年出台的《行政事业单位内部控制规范（试行）》就是在这种对建立专门的内部控制制度解决行政事业单位内部控制问题的需求下应运而生。将事业单位目前面临的内部控制问题有效整合，成为单位内部控制制度的纲领性文件。同时，使高校内部控制以正式文件的方式确定，成为规范高校内部控制最具权威性的文件。

---

① 荣凤云，周才荣，杨远富. 农业科研院所内部控制体系建设研究与实践[M]. 上海：上海财经大学出版社，2022.

三、行政事业单位内部控制规范对高校内部控制的规范要求

《行政事业单位内部控制规范(试行)》是处理解决高校内部控制问题的纲领性文件,以对可能存在的经济活动的风险进行防范和管控为主要目标,以运用内部控制手段,制定制度、实施措施和执行程序为主要手段,全面系统地对高校内部控制可能存在的问题进行梳理,并加以规范。

(一)规范了高校内部控制的目标

《行政事业单位内部控制规范(试行)》阐明其主要目的是提高行政事业单位内部管理水平,规范单位内部控制制度,加强廉政风险防控机制建设,这也是高校内部控制的目标。近些年由于高校内部控制制度的缺失,管理工作无序混乱,甚至影响到日常教学活动。与此同时,随着高等学校的规模不断扩大,高校资金来源不再依靠原有的政策性拨款,资金流入方式呈现出多资源、多渠道,大幅增加了经济活动的风险,内部控制制度的不健全,不能及时对风险进行评估。因此,《行政事业单位内部控制规范(试行)》明确了高校内部控制的目标,为高校规范内部控制制度,提高日常管理工作水平,加强风险管控指明了方向。

(二)规范了高校内部控制的方法

《行政事业单位内部控制规范(试行)》中指出,内部控制的控制方法包括不相容岗位相互分离控制、内部授权审批控制、归口管理、预算控制、财产保护控制、会计控制、单据控制和信息内部公开。这也是高校实施内部控制规范的基本方法,通过这几个方面的规范,高校可以基本建立起较为系统的内部控制体系,提高日常管理工作的办事效率,有效防范和管理控制可能存在的财务风险和工作舞弊,为建设稳定、有序的校园提供坚实基础。

(三)规范了高校内部控制的要素

高校内部控制要素也包括控制环境、风险评估、控制活动、信息沟通与交流和监督。控制环境是实施内部控制的基础,没有一个良好的组织环境,内部控制的实施就缺乏成熟的土壤。风险评估是内控的目标,内部控制的最终目的就是对可能存在的风险进行防范和管控,把风险约束在可控范围内,高校的风险更多的在于财务风险和舞弊贪腐问题。控制活动也是实施内部控制的控制方法,是高校实施内部控制的措施、手段和程序,通过一系列的控制活动,内部控制贯穿高校整个日常管理工作,全面系统地对行政事业单位各方面风险进行管控。信息交流和沟通是内部控制能够有效实施的保证,信息之间的流动可以有效地将管理信息、教学信息和财务信息及时、准

确的传递,使单位内部信息公开透明。同时,信息的沟通让单位与外部环境相联系更加顺畅,能够更及时的获得外部信息。监督是内部控制实施的规范,没有监督内部控制的实施就缺乏管理,没有力度。想要不断完善高校内部控制制度,监督是必要手段,只有在监督下,不断发现问题、解决问题,内部控制实施才能得到更好保证。

第三节 高校内部控制建设的独特性

一、高校内部控制的特征

(一)高校内部控制偏重社会效益

我国高校主要是以政府建设、国家拨款的形式设立。高校属于公益性单位,主要职责为传道授业、人才培养、科学研究、服务社会等。因此,高校内部控制制度更偏重提升教学质量,提供科研成果和服务,同时增强高校的竞争优势和核心竞争力。我们在制定和执行高校内部控制制度时,要意识到高校的使命和职责,根据高校自身行政管理和学术研究相结合的特点建立完善高校内部控制制度。高校对财务管理和利润收益的重视程度远低于企业。高校更加注重社会效益。对于企业来说,企业的内部控制程度的高低,对企业盈利情况和经营状况会有直接影响,所以企业的董事会及管理层对企业的内部控制关心程度较高;而对于高校来说,高校内部控制主体是校长及党委负责人,高校的内部控制主体更关心高校的教育水平和科研成果,以提升高校的声誉和社会影响力,对内部控制并没有太大关注。所以,企业注重追求经济效益,而高校更注重于社会效益。

(二)高校内部控制体系复杂程度高

高校规模不断扩大,办学自主化增强,资金来源渠道呈现多元化趋势。近些年,在国家各项惠及高校的政策下,高校自主权不断增加,资金来源和使用呈现多元化和复杂化。高校不再像过去单纯依靠国家财政拨款,以地方政府建设和学生学费收入为主,而是通过银行贷款、校办企业、社会捐赠、科研收入、校舍租赁、培训教育和联合办学等各种方式筹集资金。同时,高校也面临着复杂的经济业务活动,资金业务可能涉及教学科研、基础建设、对外投资采购等各个方面,每一项业务都应有详细的内部控制流程。因此,资金筹集方式的多元化和经济业务的复杂化必然导致高校内部控制的复杂和困难。高校的支出已经不仅仅是为教育教学提供维持性支出,更是为支持学校多元化发展提供可靠的保障。

(三)高校内部控制要兼顾行政和学术并行特点

高校普遍采取党委统一领导,校长负责管理的方式。学校党委负责学校的办学方向、指导思想和发展规划,校长负责学校日常管理工作。而高校区别于一般的行政事业单位之处在于高校对学术和科研的发展才是增强高校核心竞争力的重中之重,学术管理与行政管理同等重要,甚至可以说高校的行政管理在根本上是服务于高校学术研究和教学管理的。因此,高校的内部控制制度需要在制度上平衡学术管理与行政管理,将学术管理与行政管理相分离,双线并行管理,并从制度上设计适应学术管理的控制体系。

二、高校内控建设的必要性

(一)有利于有效防范财务风险

高校从过去仅靠国家财政拨款的单一资金来源渠道,逐步形成了多渠道资金来源的格局。与此同时,基础设施支出激增,高校财务在收入和支出业务上复杂程度不断提高,从而导致财务风险越来越大。因此,从总体来看,为了将高校财务风险控制在一个合理的范围内,建立一个科学的高校内部控制体系是必行之路,这不仅能够对防范高校财务风险,维护高校国有资产稳定起到积极作用,同时也对促进高校健康可持续发展,确保高校自身竞争力意义重大。

(二)有利于提高资金使用效率

高校实施内部控制能够提高教育经费的使用效率,缓解高校教育经费紧张的现状。目前,高校的快速扩张和教育经费的不足成为高校亟待解决的问题,很多高校都面临着支出增长过快,教育经费不足,收支无法平衡等严峻形势。实施内部控制制度,能够有效地遏制重复建设,提高资金的使用效率,合理配置学校资金,避免教育经费的浪费和无效投入。

(三)有利于预防高校腐败滋生

伴随高校规模不断扩大,教学科研水平不断提升,在日益复杂的高校经济业务中,众多高校频发经济案件。由于内部控制制度的缺失和内部控制意识缺乏,一系列贪污腐化行为出现在高校招生就业、基础建设、对外投资、科研教学、后勤保障等各个环节。这充分说明,只有建立健全完备的内部控制体系,实施严格的内部控制制度,才能提前进行风险防范和管控,避免亡羊补牢,造成不可弥补的损失。

(四)有利于提升高校核心竞争力

高校实施内部控制能够提高高校日常管理工作水平,促进高校更好发展,提升核心竞争力。随着高等教育的普及，高校在办学规模不断扩大的同时，面临的经济业务也趋于复杂，原有单一的会计控制，预算体系等高校制度已经不能适应高校目前的需求。因此，全面、系统的内部控制制度不仅能够满足高校日益复杂的日常管理工作，同时也是提高高校管理质量，促进学术科研发展的必要措施。

第四节　高校内部控制建设的关键要素

一、高校内控建设的原则

（一）全面性原则

高校内部控制不是只针对某一方面、某一阶段的内部控制，必须贯穿财务、固定资产管理、物资采购、建设项目等各项经济活动的决策、执行和监督的全过程，从计划到实施乃至监督都需要内部控制。

（二）重要性原则

高校内部控制不可能将全部的风险都做到有效的防范，因此需要区分风险的重要程度；在全面控制的基础上，必须针对重大经济活动进行风险防范。

（三）制衡性原则

高校必须对学校各机关部门、教学校系等组织机构的权责进行明确，分散权力，权责对等；同时，对不相容岗位要确保相互分离，明确经济活动的业务流程，提高规章制度对行为的约束性。

（四）适应性原则

《行政事业单位内部控制规范（试行）》是对我国行政事业单位进行普遍性的规范，并不是针对高校制定的，所以高校应根据学校的实际情况进行充分考虑，不可盲目的照搬照抄，必须根据现实情况的客观要求，做到具体问题具体分析，同时还要针对学校的变化不断修订完善。

二、高校内控单位层级要求

结合《行政事业单位内部控制规范（试行）》，将内部控制分为单位层级和经济活动业务层级。

单位层级主要是从宏观的角度讨论高校内部控制制度的建设情况，分析内部控制发挥作用所需要的基本条件。事业单位工作的组织情况、机制建设情况、制度完善情况、关键岗位管理情况等都受国家法律法规的严格要求规范，对组织管理结构、监督机制、权责对等都具有较强的约束性。《行政事业单位内部控制规范（试行）》对事业单位防止贪污舞弊、滥用权力也作出了要求，强调权责对等，强调决策、执行、监督有效分离。从《行政事业单位内部控制规范（试行）》中的四个原则出发，将单位层级分为组织架构、内部控制制度与工作机制、关键岗位设置、风险评估情况和信息技术应用五个要素。

（一）组织架构

组织架构是单位的流程运转、部门设置及职能规划等最基本的框架。框架是单位开展内部组织资源、搭建流程、经济业务等活动的基本要素，是整个管理系统的基石。组织架构从根本上说，就是单位对单位内部各部门岗位的结构设计。单位的最终目的是实现经营目标，为了促进目标的达成，对部门岗位职责进行设计，保证各部门间的权力制衡。组织架构体现的是各部门各岗位间的分工合作，各部门间的相互协作和相互制约，是一种集分工协作、制约监督于一体的管理体系，是组织在职、责、权方面的动态结构体系。组织架构划分为三个方面：机构设置、单位负责人任职和内部监督部门设置。机构设置主要是研究各行政部门、教学校系、附属机构的职责划分、权力制衡情况；单位负责人任职情况主要是对不相容岗位是否分离、风险评估的主要负责人是否保持独立性；内部监督部门设置，主要考察高校是否设有内部监督部门或岗位，是否设立了内部审计、纪检监察等独立部门，对重大经济活动是否有风险防范和评价机制，并针对内部审计、纪检监察等部门或岗位的独立性问题进行探讨。

（二）内部控制制度与工作机制

内部控制制度与工作机制分为集体决策制度、管理制度、内部监督制度三个方面的制度建设。集体决策制度，对单位是否制定针对本单位的工作制度和重大事项议事决策制度，是否贯彻执行了“三重一大”决策制度进行调查研究，并对现有制度的执行效果进行追踪问效。管理制度建设，针对单位的经济业务活动是否规范了操作流程、建立了相应管理制度进行探讨，对人力、资金、资产等的管理是否制定了综合性管理制度及业务流程进行梳理；内部监督制度建设，主要考察是否建立明确的内部审计制度与纪检监察制度。

（三）关键岗位设置

关键岗位设置主要考察的是关键岗位的责任划分及针对关键岗位是否建立了评价制度和轮岗制度。关键岗位的责任划分，主要是要明确划分人事、财务、基建、审计等主要管理部门的职责，如财务部门是否发挥了财务制度的控制作用，审计和纪检部门是否对主要经济活动进行有效管理和监督，主要监审岗位是否设置了岗位责任书，是否建立了主要业务活动的监督机制，在业务活动的事前申请、审核批复、业务执行、后期评价的过程中监审岗位是否保持了独立性。关键岗位是否建立了人员考评轮岗制度，主要考察对从事主要经济业务活动的财务人员或管理人员、对主要经济业务活动实施审计和监督的人员是否制定了定期的轮岗制度，是否建立了定期考评机制。

（四）风险评估情况与信息技术应用

风险评估情况主要包括风险评估组织机制和风险评估实施情况。风险评估组织机制主要考察单位是否建立了风险预警和风险评估机制，对风险进行评估时是否形成了业务流程图，是否对风险进行了评价，是否识别了重大风险活动并重点观测。风险评估实施情况主要是考察风险预警和评价制度的执行情况，如对风险是否进行了定期的考察评价，对重大风险是否进行了识别。信息技术应用包含对财务会计核算系统和内部控制管理系统的建设情况。财务会计核算系统主要考察单位对经济业务活动的财务控制情况，如是否进行会计核算，财务系统建设现状，财务会计数据定期备份的情况等；内部控制管理系统主要考察单位的信息系统是否包含了单位内部控制的全过程，对单位的信息系统前期开发、运行状况、后期维护等问题的管理状况，单位数据是否进行了可靠的定期备份。

三、高校内控经济活动业务层级要求

经济活动业务层级主要从内部控制的各个环节体现内部控制制度的执行情况，探讨各经济业务活动的合法合规性，检验内部控制各个环节的控制机制，强调制度的执行力度。反映了单位在进行日常经济活动中的流程和关键控制点，包括预算编制和执行控制、资金收入和支出控制、资产安全完整性控制等方面的控制现状。主要考察单位的内部控制制度执行状况，考察单位是否对主要经济业务活动进行了流程规范，是否控制了主要经济活动的风险。包括对预算、收支、采购、资产、工程项目、合同六大经济业务活动的控制。

（一）预算控制

预算控制包括预算的编制、审批、执行与评价。[①] 预算编制环节，重点考察预算编制是否真实反映了单位本年度业务收支计划，预算是否建立在以前年度预算执行情况的基础上，预算编制是否由单位各部门积极配合完成，是否包括了对单位的收入支

① 武娟.高级财务管理[M].上海：立信会计出版社，2018.

出预算、对政府采购物资计划的预算、对工程项目建设的预算、对单位固定资产购置的预算等方面。预算的审批环节，考察专业性较强的重大项目是否有严格的论证与审核，重点评价是否设置专门机构、专人专岗来进行预算的专项管理。预算执行环节，重点评价重要开支事项事前是否执行了申报审批；是否定期对预算执行情况进行调查和通报，有无出现无预算支出、超预算额度或超开支范围支出的情况；调整预算的条件、申报审批是否有明确规定，是否有效实施。预算评价环节，评价是否按规定执行预算，预算执行效果如何。

(二)收支控制

收支控制包括收入管理、支出管理。收入管理，主要考察单位收入是否实现了归口管理，单位财务部门对银行账户管理情况，银行账户的开户、使用是否合法合规，单位对收入的状况是否及时核对，单位的收费标准是否符合国家规定。支出管理，主要是考察单位对资金支出的控制情况。如单位是否实现了支出的归口管理，单位对资金和经费的支出范围和标准是否有明确规定，单位资金和经费的支出是否按照事前申请、审核批复、严格执行等流程操作，有无超出权限审批等违规操作的情况存在；“三公”经费支出是否有效控制在批复预算额度内；不同的审批人权限和责任是否明确划分；大额资金和支出事项是否进行事前充分论证，是否经过领导集体决策。

(三)采购控制

采购控制，应当注意单位对采购计划的审批权限、审批人责任、审批程序是否制定了相应的操作流程，对大额采购申请是否进行专项评估审核；政府采购进口产品是否履行备案手续，政府采购是否严格按照政府规定进行操作，政府采购信息是否公开，政府采购预算是否真实且科学，政府采购是否严格按照预算计划执行等。

(四)资产控制

资产控制包括资产的新购、配置、更新和折旧、报废四个方面。资产的新购应关注单位资产的前期是否编制预算申请，资产的购置是否符合标准。资产的配置应考察配置的真实性和可行性。资产的更新和折旧应关注资产的使用情况和折旧情况，是否与使用年限保持一致。资产的报废应考察对报废是否符合条件规定，处置是否按照规定的审批流程操作。

(五)工程项目

工程项目评价中应重点关注立项的合法合理性，对项目的可行性是否进行充分论证。工程项目是否编制预算，预算的编制是否与实际情况相符。工程项目是否有明确的审核批复制度，是否严格按照制度进行审核批复。工程项目的招标情况，是否按照法规对工程项目进行公开招标，招标过程中有无违规操作、串通现象存在。工程项目的资金管理是否严谨，资金是否按照预算计划实现专款专用，支付审批手续是否按照规定流程操作，是否存在资金截留、挪用等违规情况；监审部门是否对工程项目的申请、执行、竣工等环节进行全面监督。

（六）合同控制

单位是否建立了合同管理制度，是否执行了合同的归口管理。合同订立时，经济合同中的各要素是否符合合同管理制度的规定，合同签订的审核批复是否按照规定执行，有无存在超权限批复的现象。合同执行时，是否按照合同所签订的内容进行履行；财务处是否验证了合同的履行情况，是否按照合同的真实情况办理付款或催收欠款，是否将经济合同文本作为账务处理依据。同时还需要关注单位合同归档机制和合同纠纷处理机制的建立。

第五节　高校建立内部控制的SWTO分析

为了正确认识建立内部控制的优势、劣势和可能遇到的威胁和机会，在此，借助战略管理中SWTO分析模式来分析在高校之中建立、健全内部控制的优势、劣势、威胁与机会。SWTO分析是一个很好的分析问题的方法，在此借用它的目的是想通过分析高校建立内部控制中会遇到的优势、劣势、威胁和机会，对建立内部控制的可行性进行探讨。

SWTO分析法是一种可以运用于各种研究中的一种有效的方法，是指对组织特定的内部和外部环境进行全面深入的分析方法。分析外部环境旨在找出组织发展可能存在的机会（Opportunities）和威胁（Threats），分析内部环境旨在找出组织自身具备的优势（Strengths）和存在的劣势（Weaknesses）。通过四个方面的因素分析，制定能够充分抓住外部有利时机、发挥自身优势、消除威胁、克服劣势的组织发展策略。[①]

一、优势（S）——组织内部的优势

优势是指组织自身具备的超过竞争对手的因素。在此，优势主要指高校建立内部控制体系有哪些组织内部优势。高校在建立内部控制上的主要优势如下：

（1）高校有建立内部控制体系的内在需求，只是由于高校改革中的客观因素造成

① 贾兵强.繁华的赓续：中原商业文化传承与创新[M].郑州：河南大学出版社，2022.

暂时无法顾及此事。

(2)所研究的高校通常规模不是很大,中小型组织更易于沟通和达成共识,统一建立内部控制体系的认识也相对容易。

(3)高校具有良好的发展态势,但通常也会有一定的生存危机和发展压力,学校内部在努力寻求一种能够提高办学水平和办学能力,提高竞争力的管理途径和手段。

(4)建立内部控制体系,实现了组织内部基于制度信任的管理机制,提高了管理的理性化水平。

(5)内部控制体系的建立,可以堵住经济管理中的漏洞,提高有限资金的使用效率,为获得更多的资金支持创造了管理条件。

(6)促进干部廉政建设。

二、劣势(W)——组织内部的劣势

劣势是指与竞争对手相比,组织本身存在着对生存和发展不利的因素。在此,劣势主要指高校建立内部控制体系有哪些组织内部的劣势。高校在建立内部控制上的主要劣势如下:

(1)认识上的误区,认为高校为非营利性组织,在这样的组织中建立内部控制的意义不大。

(2)没有得到学校校级管理层的支持。

(3)高校中没有负责内部控制体系建立的专门机构,操作具有一定的难度。

(4)缺乏高校内部控制体系研究、设计的先例。

(5)建立、更新内部控制体系比较麻烦和复杂,需要各部门的协作和一定的人力、物力投入。

(6)如果建立了内部控制体系而不去实施,其影响力和破坏力会更大。

(7)一些人员已经习惯了没有约束、没有管制的随意化管理或活动,建立内部控制体系会触动一些人敏感的神经,建立内部控制体系会遇到阻力。

(8)内部控制的设计存在缺陷,成为人们攻击内部控制的理由。

(9)内部控制体系缺乏有机联系性,只是相关制度的堆砌,缺乏约束力。

三、威胁(T)——组织外部环境的威胁

威胁是指外部环境因素的变动给组织带来的不利影响。在此,主要指高校在建立内部控制体系中会遇到哪些来自组织外部环境的不利因素。高校在建立内部控制

上的主要威胁如下：

(1)高等教育的改革在继续，不断进行的改革造成高校管理体系不断变化，要求内部控制体系也随之而不断变动。

(2)一些营利性的企业还没有建立内部控制体系，高校建立的内部控制体系会成为多余的举动，结果难以预料。

四、机会(O)——组织外部环境的机会

机会是指外部环境因素的变动给组织生存发展带来的有利时机。在此，主要指高校在建立内部控制体系中会遇到哪些来自外部环境的有利因素。高校在建立内部控制上的主要机会如下：

(1)符合市场经济、知识经济对高校管理提出的新要求。

(2)在高等教育改革中，挖掘高校的内部管理潜力，建立内部控制体系，提高了高校的管理水平，顺应了高等教育改革的潮流。

(3)建立内部控制，抑制了市场经济环境下，因经济活动的多样性和经济利益的诱惑所产生的经济犯罪问题。

(4)内部控制为高校资金管理的科学化、效益化、规范化创建了条件，提高了学校的竞争实力。

(5)高校改革中的资金控制问题势在必行，内部控制体系满足了这一发展趋势。

(6)通过建立内部控制，提高了管理绩效，为适应未来可能的拨款模式改革建立了基础。

从SWTO分析可以看出，高校建立健全内部控制，虽然会遇到一些阻力、困难，甚至会遇到一些挑战和风险，但这些困难大多集中于操作层面，是能够克服和解决的。建立内部控制符合市场经济、知识经济对高校管理的要求，顺应了高校改革的大趋势，符合改革的大潮流，有利于提高高校的竞争实力，与学校内部发展的需求相吻合，有利于提高高校的经济管理水平，防止国有资产的流失。因此，在高校中建立、健全内部控制体系具有很大的可行性，具有充分的研究理由和广泛的研究空间。

第三章　高校内部控制环境

第一节　高校内部控制环境概述

内部控制环境是高校内部控制其他要素的基础，是所有控制方式和方法赖以存在、运行的环境，它的设计与运作，对高校管理的整体目标、对相关内部控制的其他组成要素都会产生重大影响。相对完善的内部控制环境，对于形成有效的内部控制体系，有着强劲的助力作用。因此，对高校内部控制环境及其构成要素的深入探讨具有重要意义。

一、高校内部控制环境的内涵

(一)高校内部控制环境的含义

COSO对内部控制环境的描述是：控制的内部环境主要指组织的核心人员以及这些人的个别属性和所处的工作环境，包括个人诚信正直、道德价值观与所具备的完成组织承诺的能力、董事会与稽核委员会、管理阶层的经营理念与营运风格、组织结构、职责划分和人力资源的政策与程序。

《教育部直属高校经济活动内部控制指南(试行)》对内部控制环境的定义为：高校内部控制环境，是指高校内部控制存在和发展的空间，是实施内部控制的基础，直接影响、制约着内部控制的建立和执行，主要包括发展规划、内部控制组织结构、运行机制、关键岗位与人员、会计及信息系统等方面。

无论是COSO的定义，还是我国高教行业的认识，内部控制环境都充分体现了工作环境、员工队伍及其内在的思想理念、价值取向，内部控制最终是否能有效执行在很大程度上取决于控制环境的好坏。

高校内部控制环境，是高校内部控制环境的主要组成部分，二者基本一致。

(二)内部控制环境的基本理论

1. 系统论

系统论认为系统是由具有一定功能且相互影响的要素按照某种结构组合起来的

有机整体。系统论不仅研究系统各局部(要素),整体(系统)与局部(要素)之间的关系,还研究整体(系统)与外部环境之间的有机联系。系统和环境要发生物质和能量的交换,具有互动性。

内部控制作为一个系统,首先内部环境是内部控制的构成要素,内部环境与内部控制其他要素会发生相互作用;其次,内部控制与外部环境也会发生相互作用,系统要不断发展,不断健全,就需要不断与外部环境相匹配,如政策法律、经济、社会文化、技术等,这些因素都是宏观环境因素,使得内部控制的范围、内容、程序发生变化;同时外部环境处于变化中,如政策法律环境不断完善,推动内部控制的完善,在动态中寻求最佳平衡点。内部环境和外部环境成为影响内部控制变迁的因素,共同构成了内部控制环境,内部控制环境的好坏对高校内部控制的建设、执行、完善有重大影响,制约着内部控制目标的实现程度。

2. COSO 的内部控制整合框架

COSO 的内部控制整合框架始终强调,内部控制环境在内部控制体系中处于最重要的地位,可以理解为基础,对内部控制的方方面面起到制约和促进的作用,实现有效的风险管理和风险控制。

内部控制环境包含组织的基调,影响组织中人员的风险意识,是风险管理所有其他要素的基础,为其他要素提供约束和结构。已经建立可持续有效内部控制环境的组织,能够在面临内部和外部的压力时,不论长期还是短期,该组织更具有应变能力。内部控制环境还可以被看作是内部控制文化的同义词,其形成过程受到组织自身的历史和文化的影响,每个组织的管理高层都应该意识到组织文化受到已经嵌入或建立的控制环境的影响。组织的管理核心层必须在追求实现组织目标的过程中以身作则,形成组织特有的价值观、管理理念和运行风格。

3. 内部控制整体职能论

内部控制整体职能论认为,内部控制的本质就是一项管理职能。其“形于内”的是一项管理职能,而“形于外”的是控制活动。管理的各项职能是一个有机的整体,相互之间“你中有我,我中有你”,相互依赖存在。内部控制环境是内部控制这项管理职能的一个有机组成部分,融入内部控制的方方面面,对内部控制的效率、效果具有直接的影响。

(三)内部控制环境与高校内部控制的关系

1. 内部控制环境是内部控制的基础

内部控制环境是高校内部控制的一个关键因素,直接影响着内部控制的观念、组织形式、质量和实施，是高校内部控制其他要素发挥作用的基础，决定了其他控制要素能否发挥作用，整个控制系统的实施以及职能的发挥产生持久的影响。内部控制环境处于基础地位，如果存在不同程度的缺陷，即使其他要素构建完美，其效率必定受到较大影响。内部控制环境的缺陷，必然影响监督机制的平衡作用，甚至会使内部控制形同虚设，影响控制目标的实现。①

2. 内部控制环境与内部控制相互影响

内部控制环境功能作用的有效发挥，反过来依赖于内部控制整体的其他相关要素，依靠健全完善的内部控制的有效运行来推动。控制环境当中的"道德信念""文化价值"等具体因素，脱离了强有力的制度保障和高效率的体制运行，作用也是有限的。从这个角度来说，道德建设和法治建设并举，对优化内部控制环境具有同等重要意义。

二、高校内部控制环境的特点及分类

(一)高校的独特性决定其财务内部控制环境的特点

高校是行政事业单位的重要组成部分，高校工作性质、业务范围、业务活动相对稳定，经费管理实行预算管理，资金来源和用途明确，其风险种类和范围与企业明显不同，与企业以及其他事业单位相比，具有特殊性和复杂性。

高校的主要职能是知识传播、人才培养、科学研究、社会服务，提供公共产品，主要使命是通过增强自身综合能力，提升核心竞争力和自身社会声誉，为社会培养优质人才，提供科研成果和服务。高校实行的是党委领导下的校长负责制，由校党委统一领导学校工作，决定学校重大方针、政策，校长是学校的法定代表人，全面负责学校的教学、科研和行政管理工作。

高校属于非营利性组织，不以经济利益为导向，不能单纯地追求利润最大化，不能用利润来衡量高校的业绩。伴随着国家教育体制改革，高校自主办学权力扩大，其经费总量日益增加，高校资金来源呈现多元化和复杂化的特点，主要为国家财政拨款、学生学费收入，此外还有银行贷款、联合办学、社会捐款、房屋租赁、各类培训、校办企业等收入渠道。

高校经济业务活动日益复杂，高校资金使用涉及面广，主要有教学、科研、资产采购、后勤保障、基本建设等领域，伴随着市场经济的发展，高校还会开展一些商品流通、投资、附属医院经营、培训咨询服务等经营活动。

---

① 吴智勇. 企业内部控制建设与评价[M]. 长春：吉林出版集团股份有限公司，2021.

高校会计核算体系复杂多样，其中不仅包括教育科研的经费核算，还有生产经营活动的经费核算，这些不同经费的核算存在着很大的差异性，几乎包含了所有性质的会计核算。

行政事业单位内部控制有别于企业内部控制，财政部发布的《行政事业单位内部控制规范（试行）》有以下几个突出特点：在内部控制要求上有效实现了内部控制基本原理与行政事业单位实际相结合；在内部控制目标上突出强调了防范舞弊和预防腐败；在内部控制责任上依法落实了单位负责人负总责；在内部控制要素上特别强化了内外监督并举；在内部控制内容上系统整合了预算管理、政府采购管理、资产管理、财务管理、会计管理的各项规定；在内部控制方法上创新引入了归口管理、单据控制、信息内部公开三个方法。

高校内部控制目标涉及的范围比较广泛，涉及了行政事业单位内部控制建设的各个方面。高校党委要发挥在学校内部控制建设中的领导作用；校长是内部控制建设工作的首要责任人，对内部控制的建立健全和有效实施负责；学校领导班子其他成员要抓好各自分管领域的内部控制建设工作；学校内部各部门负责人对本部门的内部控制建设承担具体责任。

高校要根据行政事业单位内控规范的要求，结合高校自身特点，制定适合高校实际和管理模式的内部控制制度，探索并建立财务工作与业务工作相结合、日常财务管理和重要事项监控相结合的控制体系，使高校内控建设工作进入常态化、规范化轨道。

（二）高校内部控制环境的分类

1. 内部环境和外部环境

从主体的角度，内部控制环境分为内部环境和外部环境。

（1）内部环境是指与高校财务相关的内部各组成部分的客观状况，包括发展规划、组织结构、人力资源政策、内部审计、校园文化、信息化程度等。

（2）外部环境指影响高校财务内控的其他因素，包括政策法规因素、经济因素、社会文化因素、技术因素等。政策法规因素决定了内部控制的标准，以及对内部控制实施监督检查的方式等，对高校内部控制的建设和运行具有指导和约束作用；经济因素决定财政资金的使用范围等；社会文化因素对单位内部的干部职工价值观和道德观念产生影响；技术因素决定了单位信息处理，信息沟通的方式。具体来说，对我国高校内部控制影响比较大的主要为政府审计、相关法规对内部控制的约束与规范、财政资金、信息技术的发展以及新常态下的社会文化大环境。

2. 软环境和硬环境

从构成因素形式的角度看，内部环境可以分为软环境，硬环境。硬环境是正式制度，由各种有形资源构成；软环境是非正式制度，是无形的组织资源，具有软性约束的作用。正式制度往往是形成了明确的文件、规章制度等，而非正式制度如单位文化，潜移默化影响单位全体成员。所以硬环境包括组织结构、关键岗位和人员、内部审计；软环境包括运行机制、校园文化、信息化程度等。

以上是我们从不同角度对高校内部控制环境的认识，本书重点从内部环境的角度研究高校内部控制环境问题。

三、外部环境及其对高校内部控制的影响

(一)外部环境的主要内容

就高校内部控制而言，外部环境主要包括政策法规环境、高等教育行业环境、技术环境、社会文化环境等因素。

政策法规环境主要指政府审计、财政部门对各高校内部控制的监督，以及与内部控制相关的法律法规。政府治理理念是高校内部控制的政策法规环境基础，当前我国政府治理的理念是加强监督和问责，政府审计、财政部门对行政事业单位加大了外部监督的力度。

高等教育行业环境是高校所在行业的环境，对高校的基本构建模式、运行机制、人员队伍等方面具有决定性作用。高校的各级主管部门，通过各项约束性政策或指导性政策，促使高校向特定的方向、层次、规模发展，也就必然影响到高校内部控制的建设，例如《教育部直属高校经济活动内部控制应用指南》的颁布实施。

技术环境主要指信息技术以及相关硬件设备的进步，对高校信息化建设的影响。信息技术可以将单位内部的资金流、信息流集中起来，可以实现跨部门、跨区域的信息互联互通，促使高校的内部控制环境发生变化。

社会文化环境主要指当前社会转型下的文化环境和传统社会文化对人的影响。社会转型下的文化环境，表现为多元文化；传统社会文化具有稳定性。人具有社会属性，社会文化会影响人的行为，而且内部控制核心是对人的控制，所以社会文化会影响内部控制。

(二)外部环境对高校内部控制的影响

在宏观稳定的制度环境下，形成了社会运行的基本的路径和基本框架。在这些宏观制度背景下有具体的制度，具体的制度的设计和运行会存在差异，即外部环境会

影响到具体的制度。内部控制制度作为具体的制度,同样要受到外部环境的影响。对行政事业单位来说,外部环境也是形成单位内部控制制度的制度背景,是外在的约束力量,推动内部控制的建设和执行,提高行政事业单位内部管理水平,因此外部环境对单位内部控制的变迁和发展起着举足轻重的作用。内部控制需要不断调整以适应外部环境的变化,外部环境一方面通过直接作用于内部环境影响内部控制,如政策法律对单位职能、组织结构的约束,如财政部内控规范对内部控制建设的推动;另一方面间接作用于人影响内部控制,如社会文化对个人价值观和道德观产生影响,进而影响单位文化、影响内部控制。

四、高校内部控制的内部环境的内容和建设

(一)高校内部控制的内部环境的内容

根据《教育部直属高校经济活动内部控制指南(试行)》,高校内部控制环境的主要内容如下:

发展规划是指高校结合自身定位,在对现实状况进行综合分析和对未来趋势进行科学预测的基础上,制订并实施的长远发展愿景与发展计划。

组织架构是指高校按照国家有关法律法规、大学章程,结合高校实际,明确内部各层级机构设置、职责权限、人员编制、工作程序和相关要求的制度安排,包括组织机构和岗位设置等。

运行机制是指包括决策机制、执行机制、协同机制、监督机制等在内的保证高校内部控制目标实现的内部运行和制衡机制。

高校内部控制关键岗位主要包括预算业务管理、收支业务管理、政府采购业务管理、资产管理、建设项目管理、合同管理以及内部监督等经济活动的重要岗位。

高校的会计与信息系统,包括会计系统和信息系统,其中会计系统是指高校会计机构、会计人员和会计工作的有机组合,信息系统是指高校利用计算机和通信技术,对经济活动过程中产生的数据进行集成、转化和提升所形成的信息化管理平台。

(二)高校内部控制的内部环境的建设

内控环境建设过程中,领导重视是最重要的因素,内部控制单位层面和业务层面的建立都需要单位负责人统一领导和统一指挥,单位负责人应对内控体系的有效运行负最终责任。单位负责人要清楚地认识到内控活动不仅仅是财务部门的控制活

动，而是整个单位范围内所有相关人员和相关部门都要参与其中的控制活动。如果没有单位负责人的重视和支持，就不可能实现全员参与，更不可能有良好的内控环境。

目前，有的高校负责人对加强内部控制的重要性、紧迫性、复杂性重视不够，认为内部控制是给自己设置障碍，会导致工作效率低下，不愿意在内部控制建设上下功夫。有的学校对内部控制认识停留在内部牵制或财务控制的层面，认为内部控制是财务部门或审计部门的事，或是制定了内控制度，但是缺乏有效的执行和监督，导致内部控制流于形式，缺乏刚性控制，不能发挥应有的作用。

内控建设是“一把手工程”，领导的重视与支持，将对营造和维持一种良好的控制环境起到非常重要的作用，也为内部控制体系的全面推行打下良好的基础。尤其是在高校，由于内部控制缺乏内在动力，更是要依靠领导者的自觉意识。领导的重视程度直接影响到内部控制实施的成败。同时，内控建设必须全员参与，需要业务部门、内部控制职能部门、内部审计及纪检监察部门，分别发挥不同的作用，全员参与，形成内控建设的整体合力，营造高效的内部控制环境。

第二节　高校发展规划和组织架构

一、高校发展规划和财务管理的关系

(一)高校发展规划就是高校的战略管理目标

高校发展规划对推动高校人才培养、科学研究、社会服务和文化传承创新等职能的拓展具有十分重要的作用与价值，是一项系统科学性、先导综合性的工作，是对学校的办学理念、办学宗旨和未来发展方向、目标任务、精神价值具体化的技术思路和安排，以及对各种能影响学校发展的资源进行合理分配与优化调整的设想，制定发展规划是高校进行科学管理和决策的必要手段。科学有效、目标合理、符合校情的发展规划，对高校未来的改革发展有极其重要的推动作用，能引导高校围绕重点任务和目标牢牢把握发展机遇，采取有效手段和方法抢占发展主动权，推动学校各项事业又快又好的科学发展。

高校发展规划立足历史和现实，放眼未来的一个系统表现，反映出大学的管理理念，就是高校的战略管理目标。高校发展规划实质是一个学校发展进程中的动态变

化过程，也是一个决策过程。

高校是一个以“人”为中心的活动场所，其管理活动是一种事实与价值相统一的过程。大学管理理念应以人为本，既是大学管理的本质体现和高等教育发展的必然，也是人类社会管理发展的一般规律。大学发展规划的制定、实施和评价是通过育“人”的活动来完成的，需要在一定的教育情境下激发所有参与者的教育智慧、教育经验。因此，作为高校管理体系中至关重要的一环，财务管理工作必然和大学发展规划紧密相关。

（二）高校发展规划与财务管理

高校发展规划的着力点体现在学科建设、科研规划等，支撑这些活动的是资源的投放和配置。以财政资金为主的各类资金进入高校，继而流向各个教学、科研领域，在这个过程中，财务部门涉及记录、核算、监督、评价等具体环节，进而向决策层提供数据信息，为发展规划的高效执行、动态调整，起到基本的支撑作用。

不同层次、规模、类型的高校，自身定位、实现路径、落实的办法，必然各有特点，从起点上决定了高校在资源获取、配置、管理以及核算、监督等环节，大同之下存在小异。例如进入“双一流”建设序列的高校，资金预算过百亿属于常态，地方院校资金预算规模远不能相比，但这并不是说其财务管理和相应的内部控制有本质区别，只是随办学规模、层次不同具体工作有差异而已。正是存在差异，各高校的发展规划对自身财务内部控制环境提出了不同的要求和任务。

目前，国内高校普遍独立设置了发展规划部门，例如发展规划处或者办公室，具体负责学科建设等战略性任务。从具体职能来观察，发展规划部门实际上承担了资源配置的操盘手任务。在规划学科建设、科研战略的同时，也就同步提出了相应的资源配置需求，而财务管理部门随后承担了具体的资金管理工作，包括分配、核算、监督、风险控制和绩效管理等具体工作。

二、组织架构和内部控制环境建设

（一）组织架构是权责分配的直观反映

高校应当按照科学、精简、高效、透明、制衡的原则，综合考虑发展战略、管理要求和学校文化等因素，合理设置组织机构、明确各机构的职责权限、人员任职条件、议事规则和工作程序，避免职能交叉、缺失或权责过于集中。高校应将内部控制与组织机构设置有机联系起来，确保组织机构设置科学、机制运行顺畅、控制监督有力。

在决策、执行和监督活动中，权责分配应当稳定地贯穿内部控制的全过程。任何一个环节的具体的业务，都要进行适当的、全面、对等、明确的权责分配。如果权责分配"过度"或"不足"甚至存在盲点，都会造成权利和责任不对等，从而在内部控制环节留下漏洞，形成风险点。

高校财务管理不同于企业，重点考虑的问题是资源配置，通俗地讲，就是"花钱"的事情。[①] 因此，高校财务管理的组织架构有两个层次的表现。首先，是财务管理部门在学校宏观层面的制度安排，其定位、功能体现的是学校层面的权责分配；其次，是财务管理部门内部的科室设置，各科室的定位、功能体现的是财务管理部门内在的权责分配。

组织架构直观地反映出高校权责分配的状态，这正是财务内部控制环境的实际基本状态。

(二)组织架构和高校财务管理理念

近年来，随着我国高等教育事业的发展，高校的资源投入、办学规模、社会地位都发生了较大的变化，高校财务管理理念也面临创新的要求。财务管理部门在高校组织架构中的具体安排及其内部的架构安排，同时助推财务管理理念的进步，这就是内部控制环境的意义所在。

高校财务管理工作中应树立优质服务理念，使财务管理工作可以更好地服务于高校各部门的运行与发展；树立新的理财理念，做到决策民主、办事透明、强化预算，保证预算安排和执行的科学、合理、公正、公开，提高财务管理的经济效益，实现有限财务资源的高效利用；强化按制度办事理念，在财务管理实践中做到以制度约束人，以制度优化财务环境，以制度增强财务管理工作的规范性、标准性和及时性；强化风险控制理念，将学校的财务风险控制在合理、可控的范围之内；强化财务公开理念，高校逐步实现分层次、多形式全过程按程序进行财务公开管理，推动财务管理的公开化、透明化。

(三)组织架构中的不相容职务原则

高校应当根据内部控制的总体要求，合理划分校内各部门的职责，厘清各部门在组织层面和业务层面内部控制中的角色和分工，确定具体岗位、职责和工作要求等，明确各个岗位的权限和相互制衡关系。

内部控制关于组织架构设置最主要的组织原则，就是对存在于组织中的不相容职务实行分离控制。所谓不相容职务，是指在经济业务处理过程中，集中一人办理容

---

① 李强．高校财务管理与发展新探[M]．成都：电子科学技术大学出版社，2021.

易产生漏洞和弊端的两项或两项以上的职务。不相容职务分离控制,概括而言,即经济业务的授权者与执行者要分离,执行者与记录者、监督者要分离,物资财产的保管者与使用者、与记录者要分离。不相容职务分离的核心是内部牵制,不相容岗位和职务之间需要相互监督、相互制约,形成有效的制衡机制。

不相容职务原则要求设置的岗位不能交叉,不能重叠,不能由同一个人担任。经济业务活动一般可划分为五个步骤,即授权、签发、核准、执行和记录。如果上述几个步骤分别由不同的人员(或部门)实施,就能够保证不相容职务相分离。无论各行各业,从总体上看不相容职务主要有五种:授权批准职务、业务经办职务、会计记录职务、财产保管职务、稽核检查职务。

COSO 委员会提出,不相容职务相分离要求每项经济业务都要经过两个或两个以上的部门或人员的处理,使得单个人或部门的工作必须与其他人或部门的工作相一致或相联系,并相互监督和制约,形成相互制衡的机制。

可见,不相容职务相互分离控制,既是建立内部控制制度应当遵循的一项基本原则,又是实施内部控制的一种基本方法,更是构建有效内部控制环境的重要路径。

三、高校财务管理文化

高校在特定的发展规划、组织框架之下,必然形成反映自身特性的文化特征。高校内部控制环境中,财务管理文化的存在有现实意义。

(一)高校财务管理文化的实质和构成

高校财务管理文化是以财务人员为中心,以文化引导为根本手段,以激发财务人员的自觉行动为目标的独特文化现象和财务管理思想。究其实质,高校财务管理文化是内部控制环境的构成因素,是以人为本的管理理念的体现。

高校财务管理文化包括三个结构层次:第一层财务物质文化,主要指财务管理环境、财务人员办公条件等;第二层财务制度文化,包括财务管理体制以及有关财经法律、规章制度等;第三层是财务精神文化,主要包括财务人员的理想信念、价值标准、道德规范、业务素质等。三个层次互相依存、相互作用,共同构成了高校财务文化体系。其中,物质文化是基础,精神文化是灵魂,制度文化是保障。

(二)高校财务管理文化建设的内容

高校财务管理文化是组织机构建设的重要补充,对于实现大学规划、提升组织机构建设效果、优化财务内部控制环境,具有积极作用。开展高校财务管理文化建设,可以从以下各方面入手:

掌握所在高校财务文化的历史和现状,明确已经形成或建立的财务价值观、财务精神、财务理念、财务制度、财务组织等,结合实际设计出财务文化建设和发展的实施方案,提出财务文化纲要,形成系统的财务文化体系。积极争取各级领导的支持,强化财务文化意识,使财务文化观念深入人心,大力渲染财务文化氛围。优化会计工作手段与工具,改善会计工作环境,实现标准化高效率服务;提高会计人员的待遇,提升会计人员的职业幸福感。

及时制定、完善、终止有关规章制度与内控制度,规范会计行为,树立会计职业形象。发挥会计制度文化的中介和传递作用,发挥会计制度文化的约束力,运用会计制度文化的强制性和权威性来培养会计人员的职业操守。

开展财务文化教育活动,强化会计职业道德的观念教育和警示教育,弘扬中华民族"讲道德、守诚信"的传统美德,自觉遵守会计职业道德规范,提高师生及会计人员对于会计职业的认知度,宣传和表彰会计工作中的先进典型,发挥榜样的力量。利用后续教育设立财务文化课程,增加卓有成效的各类培训与继续教育活动。开辟拓展、竞赛等丰富多彩的精神文化与体育活动,培养团队精神,营造团结互助氛围。

财务管理文化建设具有复杂性和系统性,形成必然经历一个缓慢的渐进的过程。财务文化存在于财务管理活动,又作用于财务管理活动,发挥着潜移默化的作用。先进的财务管理文化控制会计人员逆向选择的作用是隐性的,但的确是客观存在的;先进财务文化提升会计质量的作用,是间接的、缓慢的,但确实是有效的。财务文化活动的管理者、参与者对此应该给予充分的认识。

四、完善发展规划和优化组织架构

(一)做好发展规划工作,完善内部控制环境建设

《教育部直属高校经济活动内部控制指南(试行)》明确指出了做好发展规划,促进内部控制环境建设的明确思路,如下:

高校应当设立或指定相关机构负责发展规划的制定与落实工作,明确部门职责、议事规则和岗位要求。

高校根据发展愿景制定战略规划,发展愿景的制定应在充分调查研究、科学分析预测和广泛征求意见的基础上进行。发展规划应当确定每个发展阶段的具体目标、工作任务和实施路径。

高校发展规划方案按照学校法定程序批准后实施。需报送教育部审批的，应在报经教育部审批后方可实施。

学校应当根据发展规划编制年度工作计划；同时完善发展规划贯彻落实的保障制度，确保发展规划的有效实施。

高校规划管理部门应当加强对规划实施情况的监控，定期收集和分析相关信息，对于明显偏离发展规划的情况应及时报告；确需对发展规划做出调整的，应当按照规定权限和程序调整发展。

（二）优化组织结构是长期任务

高校组织结构体系建设是一项复杂的系统工程，涉及教学、科研以及经济活动的方方面面。校长在党委领导下全面负责学校的内部控制各项工作，党政领导班子其他成员按照“一岗双责”的要求，根据分工抓好职责范围内的内部控制工作。

加强组织结构建设，要由专门机构或者指定牵头部门，为内部控制的建立与实施工作提供组织保障。各相关职能部门或牵头部门要制定具体的内控方案，组织协调、研究部署跨部门的重大决策、重大风险、重要业务流程的设计，提出风险管理策略、落实内部控制的各项措施。

建立沟通协调机制，内部控制职能部门或牵头部门做好各项业务活动的流程梳理和风险评估等工作，认真评估组织结构安排的科学性、合理性；落实内部控制相关要求，加强对各部门实施内部控制进行日常监控。

充分履行内部监督作用，发挥单位内部审计、纪检监察的监督作用。恰当的内部监督有利于及时发现组织结构体系内控建立和实施过程中的问题和薄弱环节，并及时加以改进，确保组织结构体系不断优化。

高校应当制定组织结构图、业务流程图、岗（职）位职责和权限指引等内部管理制度或相关文件，使教职工了解和掌握组织结构设计及权责分配情况，正确履行职责。

第三节　高校财务运行机制

一、高校财务运行机制的重要性

高校财务管理内涵丰富，财务管理体制顺畅是高校发展的重要保障。现阶段，一些高校的财务管理停留在校长负责、中层干部辅助的形式，高校财务部门主管只负责财务管理工作，现实当中对各单位的财务监管力度不够；有些高校管理制度不统一，容易形成各部门之间的贫富差异，影响高校教职工的教学积极性，对高校健康发展产生不利影响。

随着我国高等教育事业进入新阶段，需进一步深化财务管理机制改革，加强开源节流，提高资金使用效益，建立、健全学校最高决策机构对重大事项决策、重要干部任免、重要项目安排以及大额资金使用集体讨论决定制度，强化防范财务风险，形成财务预算管理与实时监督监控相结合的财务管理体系，构建经营性资产和非经营性资产分类管理的资产管理架构。按照管理层次，建立单位负责人、各级财务主管以及财务人员的经济责任制，构建多层次的经济责任监管体系，形成结构合理、决策科学、执行顺畅、监督有力、运转高效的内部运行机制。做到管资金、管资产相互分离，相互制约，相互监督，充分满足高校内涵式发展的新需要。

二、高校财务运行机制的主要内容

（一）决策机制

高校的财务管理体制是“统一领导、分级管理、集中核算”，党委常委会是高校财经活动的最高决策机构，校长是学校财经工作的第一责任人。高校的重大经济决策、重大经济事项、大额资金支付业务等，应当按照规定的权限和程序实行集体决策审批或者联签制度，并应以纪实方式记录集体决策过程。对于重大事项，任何个人不得单独进行决策或者擅自改变集体决策意见。[①] 重大经济决策、重大经济事项、大额资金支付业务的具体内容或标准由高校根据实际情况自行确定。

（二）内部控制执行机制

高校应建立并完善包括不相容岗位相分离、内部授权审批控制、归口管理、预算控制、资产保护控制、会计控制、单据控制、信息公开控制、信息技术控制等措施在内的内部控制执行机制。

（三）业务流程协同机制

高校应当建立健全“以预算为主线、资金管控为核心”的业务流程协同机制，积极发挥财务、政府采购、基建、资产管理、科研、合同管理等与经济活动相关部门或岗位的作用，保证内部控制在分权的基础上充分高效地运行。

（四）监督机制

高校应充分发挥内部审计、纪检监察部门的作用，通过内部控制评价和内部审计

---

① 易艳红.高校内部控制与风险防范[M].北京：国家行政学院出版社，2019.

监督及时发现内部控制建立和实施中的问题和薄弱环节，并及时改进，确保内部控制体系得以有效运行。内部监督应当与内部控制的建立和实施保持相对独立。

（五）内部控制自我评价机制

高校应当建立健全内部监督制度，明确各相关部门或岗位在内部监督中的职责权限，规定内部监督的程序和要求，对内部控制建立与实施情况进行内部监督检查和自我评价。

目前，高校对内部控制自我监督和评价工作的看法不尽一致，有的高校在财务管理部门设置了专门的科室开展此项工作，更多的高校则依赖内部审计部门。今后随着高校的发展变化，高校应积极思考、研究内部控制自我评价体系的建设。

三、会计稽核与高校内部控制环境

（一）会计稽核对高校内部控制环境有重要意义

会计稽核是会计机构本身对于会计核算工作进行的一种自我检查或审核工作。建立会计机构内部稽核制度，目的在于防止会计核算工作上的差错和有关人员的舞弊。通过稽核，对日常会计核算工作中出现的疏忽、错误等及时加以纠正或者制止，以提高会计核算工作的质量。会计稽核是会计工作的重要内容，也是规范会计行为、提高会计资料质量的重要保证。建立稽核制度是加强会计监督的需要，是发挥会计信息作用的需要，是会计系统自我控制和自我发展的需要。

会计稽核制度本身是内部控制制度的重要组成部分，但是从会计稽核的开展过程和效果来看，对于促进高校内部控制环境的微观生态十分有益。之所以定位于“微观”，就是源于这项工作的范围局限于财务管理部门自身，最终影响最大的就是财务管理部门的基本核算及管理业务。目前不少高校在日常财务管理工作中，对稽核工作的重视程度有待提高，尤其是完善内部控制环境的过程中，更需要清晰认识会计稽核的重要性。

会计稽核和内部审计虽然最终都是起到监督的作用，但是相对而言，前者是财务管理部门内部的自我监督机制，后者则是外部监督主体，实施监督工作的角度、方式、方法、人员以及责任定位均有不同。尤其从内部控制环境的角度来看，稽核工作的微观属性更为清晰。因此，在内部控制环境建设的过程中，不但不能用内部审计简单替代会计稽核，而且要进一步加强稽核制度和工作。

（二）高校会计稽核工作的主要内容

各会计岗位都必须接受稽核人员的审核与监督。如下：

审查各项事业性收费和其他社会有偿服务收费。依据国家有关财经法规、政策及学院财务管理规定、财务收支审批制度等，审查各项收费的合法性、合理性以及手续是否完备，管理环节是否衔接，收缴是否及时、足额。

审查会计核算工作，定期对原始凭证、记账凭证进行审查；定期对现金、银行存款、有价证券进行核对，审查其内容是否真实，手续是否完备，数字是否正确，所属会计科目是否正确。

定期对工资性支出、助学金、奖学金、各类补贴等发放表册、会计账簿、报表等进行审查。审查其内容是否真实，手续是否完备，数字是否准确，依据是否符合有关制度、规定。

(三)会计稽核的组织与开展

1. 稽核组织需要相对独立性

开展稽核工作，应设立相对独立的科室或岗位，确保会计稽核人员能够从独立性的角度开展工作和发现问题，避免受到各部门的障碍或约束，无法独立性地严格开展稽核工作，影响了会计稽核的工作质量和效果。

2. 稽核需要复合型人员

财务管理是一项专业性很强的工作，作为高校会计稽核人员，要做好稽核工作，就必须熟悉各项会计核算和财务管理业务，具备专业的会计稽核能力和素质，才能很好地承担这个任务。在具体的实务工作中，财务管理知识、手段和方式，都在不断地进步和更新，为适应这种形势发展的需要，要重视高素质、复合型的具有较强专业能力的会计稽核人员的培养。

3. 稽核方法需要多样化

会计稽核经过多年的实践，形成了一套比较实用的程序，但是也存在单一的不足，稽核工作中，一般注重现场稽核，通过调阅有关账簿、查看报表、凭证的程序进行，但是不够全面，非现场方面的稽核工作一般做得比较少，影响对稽核的深度。对于运用更加全面深入的稽核方式、方法，提高稽核效果还有待进一步加强。

4. 重视会计稽核整改环节

在会计稽核工作中，落实整改常常是薄弱环节。作为会计稽核的一项重要措施，在会计稽核具体实施后，稽核工作必须对具体的稽核事项做出结论，在结论中对稽核发现的问题和原因进行分析，提出整改措施，并督促有关科室积极整改，发挥稽核对推动提升财务管理工作的作用。

四、高校财务管理内部控制需借力内部审计

从财务管理部门的角度来看,高校内部审计相对属于外部监督机制,影响高校内部控制环境的宏观生态。因此,财务管理内部控制环境建设,需要借力内部审计。

高校内部审计站在高校全局的高度,不仅要关注内部控制制度和财务报告,而且关注高校风险管理;不仅要关注自身的审计风险,而且关注高校面临和潜在的各种风险。高校内部审计能够协助风险管理部门做好风险诊断和分析,帮助有关部门改善风险管理和加强流程控制,促进高校提高风险管理的有效性;通过咨询服务帮助高校全面开展风险防控和应对管理,为高校的战略规划提供相关资料和建议。高校内部审计工作的重点使其在传统财务审计业务职能的基础上,挖掘出在风险管理领域的各种潜能和优势,服务范围宽泛,能够从评价、确认职能到提供增值、咨询服务,对促进高校战略目标实现有积极作用。

五、高校财务运行机制的改进

内部控制的最基本原则是权力制衡,高校应该充分运用内控的制衡原理,在单位内部进一步完善决策权、执行权和监督权三权分立的机制,完善内控规范的评价和监督机制,发挥流程控制作用,有效地预防腐败。

决策过程就是授权审批过程,建立适当的授权审批制度,重大决策、重要人事任免、重大项目安排和大额度资金运作事项要建立集体决策和会签制度。执行过程是按照审批结果和适当的权限办理业务的过程。明确授权和审批程序。监督过程确保经济活动的各项业务和事项都经过适当的授权审批,确保经办人员按照授权的要求和审批结果办理业务。

健全议事决策机制。高校应制定议事决策规则,具体包括议事成员构成、决策事项范围、投票表决规则、决策纪要撰写、流转和保存以及对决策事项的贯彻落实和监督程序等。根据各学校情况的不同,明确需要集体决策的重大事项的范围,一般包括:大额资金使用、大宗资产采购、基本建设项目、重大外包业务、重要资产处置、信息化建设以及预算调整等;做好决策纪要的保管工作;制定对决策执行的追踪问责制度,并严格按制度对相关人员追究相应责任。

第四节　高校财务岗位设置和队伍建设

一、高校财务岗位设置

(一)高校财务岗位设置的一般要求

高校岗位分为三种类别,即管理岗位、专业技术岗位、工勤技能岗位。管理岗位是指在学校、学院以及其他内设机构中担负领导职责或管理任务的工作岗位,其设置是以提高工作效率、提升管理服务水平和增强学校运转效能为目的。专业技术岗位分为教师岗位、其他专业技术岗位和附设专业技术岗位。其中,其他专业技术岗位是指为教育教学和科学研究工作提供技术支持或辅助服务、具有相应专业技术水平和能力要求的工作岗位。

高校财务管理岗位主要涉及管理岗和其他专业技术岗,管理岗主要是部门负责人,其他专业技术岗覆盖了其他大部分人员,通常具有相应的专业资格。高校财务机构应当配备专职财会人员。财会人员应当具备与其工作岗位相适应的资格和能力。财会人员的调入、调出、专业技术职务评聘以及校内二级财务机构负责人的任免、调动或者撤换,应当由学校一级财务机构会同有关部门办理。

(二)高校内部控制关键岗位的设置情况

目前,我国高校一般都设置了独立的财务处(部),负责学校的财务管理工作。

从高校整体经济活动来看,高校内部控制关键岗位包括预算业务管理、收支业务管理、政府采购业务管理、资产管理、建设项目管理、合同管理以及内部监督等经济活动的重要岗位。

具体到财务管理层面,相应的内部控制关键岗位包括预算业务岗、会计核算岗、资金业务岗、会计稽核岗、信息系统管理岗等。前四个岗位是传统的关键财务业务岗位,信息系统管理岗则是近年来高校会计信息化程度不断提升的结果。

关键岗位就是高风险岗位,此类岗位在业务管理和流程操作中面临风险较多,执行失败将会给单位带来重大损失。各高校应当综合考虑自身经济活动的规模、复杂程度和管理模式等因素,加强财务内部控制各关键岗位的科学设置和专业人才的合理配备,为关键岗位配备能力和资质合格的业务人员。

二、高校内部控制关键岗位的职责

（一）预算业务岗

由于各高校的经济活动、收支规模、历史因素等情况不尽相同，其预算管理体系的设定也在一定程度上存在差异，但是在一般情况下都设有预算业务管理决策机构、预算业务管理工作机构、预算执行机构，并且至少保证预算编制与审批、预算审批与执行、预算执行与决算评价等岗位的相互独立。

一般而言，预算业务岗的主要职责包括：负责学校综合财务预算的编报，对学校综合财务预算及专项资金预算执行进行监督管理和分析；负责学校部门预算和部门决算的编报工作；为学校领导提供必要的财务资料，例如有关会计核算和经费分配的数据，向其他部门对外编制报表提供基础的财务数据。

预算业务管理工作机构负责预算业务的日常管理工作，通常设置在财务部门，由财务部门负责人组织开展工作。还可以设置预算归口管理部门，对内部跨部门的经济业务先由归口管理部门对预算执行机构提出的预算建议数进行审核，再由预算业务管理工作机构进行汇总平衡。归口管理部门的职责主要是汇总审核其管理范围内的预算执行机构提交的预算建议数和细化调整数，对相关预算执行机构提交的预算追加调整申请、预算执行申请进行审核等。归口管理部门的先一步把关对提高预算编制的科学性和有效性具有重要作用。[①]

（二）会计核算岗

会计核算业务涵盖了收入和支出业务，主要的职责就是正确记录经济活动。具体到岗位业务，主要职责包括：审核原始单据（发票、收据、合同、请款单和领款表等），编制并复核记账凭证；监督各项经费的使用进度，准确做好经费的年终结转等，保证经费财政、银行和账面等各方一致；定期清理往来款账户，提高学校资金使用效率；定期与学校资产管理部门核对国有资产的报账情况，做到账实相符；整理装订会计凭证及账簿，做好会计档案管理工作。

（三）资金业务岗

随着技术手段的快速进步，会计电算化、信息化水平不断提高，现金业务已经在高校财务的日常管理中逐渐淡出，甚至消失，现金保管、送存银行等业务随之隐退。

因此，资金业务岗的主要职责包括：准确处理资金的往来收付，严格核查控制资

---

① 郝玮，郝建国，吴丽军．财政预算资金绩效管理操作实务［M］．北京：中国市场出版社，2021.

金流动,确保账、表、单彼此相符;建立健全并严格执行资金支付的控制制度,确保资金收付安全;保管好涉及资金支付的网络设备的硬件,确保密码不得外泄。

(四)会计稽核岗

会计稽核岗位主要的职责就是对财务管理部门的各项业务、各工作岗位进行内部核查,及时发现问题,化解风险,并正确指导日常业务的开展,起到引导、营造良好工作状态的作用。

(五)信息系统管理岗

高校财务管理随着技术手段的进步,信息系统管理工作的重要性与日俱增,在可预见的会计核算人工智能化的趋势下,信息系统管理岗的人员和地位有着较大的发展空间。

就目前而言,信息系统管理岗的主要职责包括:会计电算化管理工作,软件的开发及使用;财务部门相关网站功能的维护、网络数据库的更新工作;严格执行会计电算化管理的有关规定,确保财务处计算机网络的安全和正常运转;做好会计数据的备份工作;做好内部其他岗位人员的专业教育和培训工作。

三、财务队伍建设

会计机构的设置和会计人员的配备是内控建设的一项重要内容,加强会计机构建设要完善会计机构设置,加强会计人员队伍建设,设立会计人员上岗条件、建立定期轮岗制度、培训制度、激励制度以及关键岗位退出机制等。当前一些高校有的财务机构不健全,会计人员缺乏,违反不相容岗位分离原则,一人多岗,缺乏必要的内部牵制机制。各高校应当根据单位实际、经费收支规模、财务部门职责及当前对财务管理工作的新要求,加强财务工作力量,科学合理配备财务人员编制和数量,并按事业发展需要动态调整,逐步优化性别、年龄、学历和职称结构,并保持财务干部队伍的相对稳定,以保证财务工作正常开展。

(一)财务管理队伍的基本结构

高校财务管理队伍的结构,应当从专业技术结构、年龄结构和性别结构三个角度把握。

从专业技术结构的角度看,高校财务管理队伍的主体应当是经过专业教育、具备相应职业资格、专业技术职称的专业人员,具体专业包括会计、计算机、税务、金融、工商管理、法律等。就是说,高校财务管理队伍的专业技术结构是以会计为主的复合型结构。今后,更需要注意会计和计算机复合型人才的培养。

从年龄结构的角度看，高校财务管理队伍需要注意老中青的梯度建设。2000年以来，我国高等教育事业投入不断增加，财务管理队伍也随之扩充。但就目前观察到的情况来看，财务人员面临青黄不接，年龄结构不尽合理的问题。

从性别结构的角度看，当前高校财务管理队伍男女比例失调的现象较为突出，女性人员比例偏高。从内部控制环境的角度来看，这是队伍建设必须注意的一个问题。各高校要按照专业化队伍建设的要求，严格新进财务人员录用和管理。合理设置会计系列职称评定条件和要求，培育财务人员专业素养和执业能力，逐步提高中、高级以上专业技术资格人员比例，有效维护财务人员的合理合法权益，享受与其他系列专业技术职务同等待遇。

(二)定期轮岗制度和关键岗位人员的退出机制

高校财务人员定期轮岗至少有两个作用：一是避免个人长期在关键岗位工作的风险；二是培养财务人员多岗多能。

科学的财务人员轮岗制度是轮岗有序、合理运行的保障。根据高校财务人员轮岗目标，高校财务管理部门要设计详细的财务人员轮岗计划、编制、对象、周期、人数及考核评价等工作，同时明晰奖惩，处理好财务人员轮岗工作的协调、沟通等问题，全面推进财务人员轮岗工作顺利有序开展。

培养性轮岗要根据高校人事等部门要求，明确培养方向及轮岗者去向，要避免大面积轮岗，以免影响财务部门工作的正常开展。根据财务工作岗位性质、分层分批错开进行，每批财务岗位轮换人数控制在总财务人数的20%左右比较合适。根据财务工作岗位要求和性质，明确轮岗年限。一般财务人员轮岗的期限以3年左右为宜，较高级别的财务人员。时间可考虑延长2～3年。从而保持高校财务队伍的稳定性。

关键岗位人员的退出机制，主要针对已经不适合再从事关键岗位工作，同时不适合轮岗的人员，例如不具备胜任能力无法从事财务管理工作的、违反纪律必须清退的有关人员。退出机制，体现的是能上能下、能进能出的财务队伍管理状态，是高校内部控制环境自我清洁的机制。

(三)财务管理人员的培训制度

财务管理部门的从业人员必须具备与其工作岗位相适应的资质和能力。学校要采取合理的人事用工管理制度，确保关键岗位管理人员的配备，加强工作人员业务培训和职业道德的教育，制订切实可行的培训计划，加强关键岗位人员的道德、法制、诚信和自律建设，使每名管理者都能自觉的贯彻执行国家的相关法律规定。

当前中国高校的转型发展，实质上是中国高等教育供给侧结构性改革。从供给侧的角度看高校财务人员培训工作,一方面是提高财务人员培训的质量、效率和创新性,使培训更贴近财务人员的实际工作,做到既能满足财务人员个性发展的需要,又能聚焦高校转型发展的需要;另一方面是丰富财务人员培训的供给结构,为财务人员提供丰富、多元、可选择的培训模块、培训资源和培训环境的新供给侧结构,替代和打破原有单一的培训模式、统一的课程资源的供给结构。

(四)财务管理人员的激励制度

激励制度是营造高校内部控制环境良好氛围不可或缺的一个重要内容,对于振奋士气,提高工作效率,提高工作质量,有积极的作用。通过满足财务管理人员的物质、荣誉、情感等需求,来调动工作人员的积极性和创造性。所以要确立一套完整的激励体制来用在高校财务队伍管理上,从而达到效率最优的目的。

一般而言,激励措施包括物质激励、精神激励、奖惩激励等形式。结合高校财务管理的实际情况看,精神激励、奖惩激励起到的作用可能远大于物质激励。

第五节　高校财务信息化建设

一、财务信息化对内部控制的影响

高校的财务内部控制是高校在进行财务管理业务时所形成的相互监督、相互制约、彼此联结的控制方法、措施和程序。传统财务管理系统的内部控制已形成了一整套行之有效的方法和制度,但是,随着高校财务信息化程度的不断提高,原有的会计内部控制制度和方法在各方面都受到了挑战。主要表现如下:

信息化冲击了原有岗位的设置,改变了原模式下的各岗位之间内部控制的方式。高校财务信息化对高校会计工作的分工提出新的要求,各岗位职责、权限也发生了变化,使传统的不同岗位之间形成的内部控制作用弱化甚至逐渐消失。例如高校传统的会计试算平衡是通过设置科目汇总岗位、凭证汇总岗位、登记总账岗位、登记明细账岗位、报表岗位来进行账、证、表的平衡试算的,实施财务信息化后,会计中的这种试算已经转移到了计算机系统内部,所有的财务信息在进入系统存入凭证库前必须经过平衡试算,这就保证凭证库中的数据始终是平衡的,而账和表的数据都是直接或间接从凭证库中取出的,同出一源,只要信息系统没有问题,一定是平衡的,自然也就没有必要再设置这些传统岗位进行手工的试算了。

信息存储方式的改变,对高校财务信息的安全提出了挑战。例如在手工方式下,会计信息资料以账本、凭证、报表等形式存储于纸张上，增加、删除、修改了的会计凭证或会计账本都可以从会计人员的笔迹和印章上分清责任。实现财务信息化后，原会计系统中严格的凭证制度控制功能会逐渐弱化。财务信息化把各种财务信息转化为二进制的形式存储在磁（光）介质上，因为这种存储介质自身的性质，使得这些二进制的财务信息修改、擦除和拷贝均不会留下痕迹，因此极易被篡改，伪造、变造业务，导致会计资料失真，账、证、表、实不符。另外，数据集中在磁（光）介质中，一旦发生火灾、被盗、感染病毒等，容易造成数据丢失。

高校财务信息化后，授权与批准制度的执行产生新的风险。授权批准控制使经济业务在发生时就得到了控制，它规定了各级管理人员的职责范围和业务处理权限，明确所承担的责任。在原会计工作方式下，这种授权与批准制度的实行是靠财务工作岗位的设置，人员的分工与牵制来执行的。而财务信息化后，新增的信息化岗位，如系统维护人员、数据管理员等，都工作于的财务信息数据的底层，完全可以绕过授权与批准而进行各种数据操作，这就对授权与批准的执行产生新的威胁。

高校财务信息化改变了货币资金收入与支付方式，对内部货币资金控制提出了新的课题。货币资金的控制是高校传统财务内部控制中最重要的内容之一，传统的模式下，对货币资金的内部控制主要是采用岗位分工、支付审批、库存限额，票据与印章管理等方式来实现的。实行财务信息化后，传统的货币资金的收入与支出方式发生了根本的改变，特别是网上银行的接入，高校与银行间的无现钞、无支票的工作方式成为出纳工作的主要方式，原高校财务中实施的库存限额、支票印章等的内控制度也就失去了存在条件。

财务信息化为高校内部监督与检查增加了新的内容。目前高校对财务的内部监督与检查主要是通过内部审计机构，由审计机构完成内部监督与检查的职能。由于计算机技术、网络技术等现代信息技术的引入，一方面使一些会计工作的形式发生变化，同时也对内部审计工作提出了更高的要求。高校财务信息化的特点及固有的风险，决定了审计内容必须包括对财务信息系统处理和控制功能的检查，以证实其对交易事项处理是否真实合法、安全可靠，这是传统审计所没有的。

二、会计信息化和技术手段的进步

随着技术手段的进步，大数据、云计算、电子发票、数据挖掘、移动支付、机器学习、移动互联、图像识别、区块链、数据安全技术等一系列手段付诸实践，逐步应用于财务信息化的建设，给财务从业人员、从业环境带来快速、深刻的变化，挑战和机遇携手而来。

从2017年开始，德勤率先推出财务机器人产品，瞬间引爆财务圈。同属国际四大的毕马威、普华永道、安永也相继推出自己的财务机器人以及财务机器人解决方案。德勤研发的财务机器人产品的主要功能包括：替代财务流程中的手工操作，管理和监控各自动化财务流程，录入信息、合并数据、汇总统计，根据既定的业务逻辑进行判断，识别财务流程中的优化点。

德勤研发的财务机器人产品能够解决的主要问题包括：财务流程中有高度重复的手工操作，耗费大量的人力和时间；跨岗位的实务操作需要协同处理，沟通成本高且效率低下；手工处理存在较高差错率，且获取的数据准确性低；人工处理财务相关的事务，无法快速响应业务变化和拓展；受困于时间、人力，某些合规性复核和审计工作，通过抽样的方式进行，无法达到100%全覆盖。

高校财务信息化必然随着社会整体的进步而推进，相应的具体工作从业务流程到档案管理，都将遇到新的问题，新的风险随之而来，这些必然要求我们不断改造内部控制环境，跟上时代的步伐。在财务相关岗位，会计电算化、凭证录入、数据统计分析等，未来被人工智能取代是非常有可能的，人的价值越来越体现在做有创造性的工作上，近来管理会计在实践层面的推广运用就是很好的佐证。

三、财务信息化与财务风险防范

(一)风险的类型

在高校财务信息化建设过程中可能存在影响信息化目标实现的各种不确定性因素，即“高校财务信息化风险”。具体来说，可将其分为环境风险、管理风险、技术风险、非技术风险四种类型，其中技术风险、非技术风险是由内部因素引起的，而环境风险、管理风险则受外部因素影响较大。

(二)风险的防范

应对高校财务信息化的新特点，从内部控制环境的角度，可以加以改进，防范风险。

高校应当根据财务内部控制相关要求，结合组织机构、业务过程、技术能力等因素，制定财务信息系统建设总体规划，健全财务信息系统管理程序，设置财务信息系统管理岗位，明确财务信息系统管理责任，对财务信息系统归口管理。

高校应当充分运用现代科学技术手段加强财务内部控制，将经济活动及其内部控制流程嵌入财务信息系统中，确保财务信息系统与相关系统之间的互联互通、信息共享和业务协同，减少或消除人为操纵因素，提高办事效率和管理水平，促进信息公开和廉政建设，增强经济活动处理过程与结果的透明和公正。

高校要强化财务信息系统的安全管理，建立用户管理制度、系统数据定期备份制度、信息系统安全保密和泄密责任追究制度等措施，确保重要信息系统安全、可靠，增强财务信息安全保障能力。

有针对性地调整岗位分工，分离职责，防范新型舞弊行为，降低财务风险。岗位设置可分为系统管理、监控、操作等，系统管理岗位主要负责日常管理、维护、用户授权、数据备份等，监控岗位可以通过信息网络平台对系统管理岗位和操作岗位的工作流程和结果进行识别、记录，防止利用网络进行欺诈舞弊等行为；操作岗位具体负责信息的采录与研判分析，细分为录入、审核、档案管理等岗位；现实中，系统管理、监控和操作岗位应由专人负责且应分工明确、互不干涉。例如接触实物资产和经常接触会计记录数据文档的岗位人员必须实现职责分离，否则这两种接触的特权放在一起容易产生舞弊和欺诈。

创新体制，完善内部控制。加强内控制度建设，应对财务舞弊、数据窃取、行为人的恶意破坏等违法行为。高校财务内控制度建设需要进一步完善管理制度，例如网络维护与管理制度、数据安全与维护制度、机房管理制度、计算机软件操作及维护制度、操作权限控制，计算机软硬件使用与维护制度，业务处理流程、设备管理制度等，从源头上对高校财务工作人员进行行为约束。进一步提高对数据访问和运用的审核机制，对高校财务信息系统的各类重要数据参数及敏感资料进行实时监控，根据不同人员设置类别不同的使用权限，未经有效授权严禁拷录、使用系统资源，避免数据窃取、程序和系统破坏现象的出现，切实提高财务信息风险管控水平。建立健全高校财务信息化系统的安保体系，确保网络和信息畅通，防止人为破坏。[①]

---

① 刘罡.高校财务内部控制实务[M].北京：中国农业大学出版社，2018.

第四章 高校绩效管理的基础知识

第一节 高校绩效管理概述

一、高校绩效管理的概念

(一)高校绩效管理的定义

高校绩效管理作为一种管理模式,旨在提高高校的组织绩效和个体绩效,实现高校的发展目标。它涉及高校内部各个方面的绩效,包括教学质量、科研成果、师资水平、学生的综合素质等。高校绩效管理通过制定明确的绩效目标和指标体系,对相关绩效进行评估、监测和反馈,以及采取相应的措施进行改进和优化。

(1)高校绩效管理的定义需要明确其绩效目标。高校作为教育培养机构,其主要绩效目标是培养优秀人才,提供高质量的学术教育和培训服务。绩效目标的明确性是高校绩效管理的基础,它为绩效管理的具体实施提供了明确的方向。

(2)高校绩效管理的定义还需要考虑高校内部不同层级和功能的特点。高校由教师、学生、管理人员等多个参与主体组成,他们在高校绩效管理中具有不同的角色和责任。因此,高校绩效管理的定义应该包括对不同参与主体的绩效管理要求,以确保各个层级和功能能够实现协调和统一。

(3)高校绩效管理的定义还应该注重整体绩效与个体绩效的结合。高校绩效管理的目标不仅包括整体绩效的提升,还要关注个体绩效的提高。因为高校的绩效不仅仅是整体水平的体现,更是由个体绩效的累加构成。因此,在高校绩效管理的定义中,需要兼顾整体和个体两个层面的要求,确保绩效管理的有效性和公正性。

(二)高校绩效管理的内涵

高校绩效管理的内涵是指高校绩效管理所包含的核心要素和主要内容。高校绩效管理的内涵主要包括以下几个方面。

(1)高校绩效管理的内涵包括制定清晰的目标和指标体系。高校绩效管理需要明确的目标和指标体系来评估高校的绩效情况。这些目标和指标体系应当与高校的使命、愿景和战略目标相一致，能够全面反映高校的教学、科研、社会服务等方面的绩效表现。

(2)高校绩效管理的内涵还包括建立科学的评估方法和评价体系。通过科学的评估方法和评价体系，可以客观地评价高校各项绩效指标的达成程度。评估方法和评价体系应当充分考虑高校的特点和现实情况，确保评估结果准确、公正。

(3)高校绩效管理的内涵还涉及绩效报告和反馈机制的建立。高校应当定期汇总和发布绩效报告，向内外部人员全面、透明地展示高校的绩效情况。同时，高校还应当建立反馈机制，及时了解各方对绩效评估结果的意见和建议，并根据反馈加以改进和优化。

(4)高校绩效管理的内涵还包括激励和奖惩机制的建立。通过激励和奖惩机制，可以激发高校师生的积极性和创造性，推动高校绩效的持续改进。激励和奖惩机制应当公平、公正，能够有效激发人们的工作热情和动力。

(5)高校绩效管理的内涵还关乎绩效管理的持续性和循环性。高校绩效管理不是一次性的活动，而是一个持续进行、循环反馈的过程。在实施高校绩效管理时，需要不断迭代和优化绩效管理模式，以适应高校发展的需求和变化。

(三)高校绩效管理的特点

在高校绩效管理中，有着一些独特的特点，这些特点是与其他行业的绩效管理有所区别的。

(1)高校绩效管理强调的是绩效与教育使命的紧密结合。高校的教育使命在于培养优秀的人才，为社会和国家做出贡献。因此，在绩效管理中，高校要注重绩效的实现与教育使命的实现相结合，推动教育质量的提升和教学水平的提高。

(2)高校绩效管理具有灵活性和适应性。高校教育是一个复杂多变的系统，需要根据不同的学科、专业、专业组织结构和教学状况，制定相应的绩效管理方法和指标。高校绩效管理不能简单套用其他行业的管理模式，而需要根据高校的特点和需求进行量身定制，以确保管理措施的灵活性和适应性。

(3)高校绩效管理强调的是绩效考核与激励相结合。高校教师的工作具有一定的特殊性，需要注重绩效的考核和激励机制的设计。在绩效管理中，高校应该建立科学合理的考核指标体系，对教师的教学、科研、师德等方面进行综合评价，并通过激励机制来激发教师的积极性和创造性，推动其不断提升绩效水平。

(4)高校绩效管理还需要注重绩效数据的合理运用。高校绩效管理需要依靠科学的数据统计和分析手段，对教师和学校的绩效进行量化和评价。因此，高校需要建立健全的绩效数据采集、分析和利用的机制，确保数据的真实可靠性，为绩效管理提供科学依据。

二、高校绩效管理的原则

（一）目标导向原则

目标导向是高校绩效管理的核心原则之一。目标导向原则强调以目标为导向，明确制定高校的绩效目标，并通过有效的管理手段来实现这些目标。目标导向原则的核心思想是以目标为驱动，促使高校朝着预期的方向不断努力。

首要的任务是明确高校的绩效目标。高校绩效管理的目标应当与高校的使命和发展战略相一致，既要符合国家的教育政策，又要展现高校的特色和优势。通过制定明确的绩效目标，高校能够明确方向，激发全校教职员工的工作动力。

实施目标导向原则的关键在于制定有效的管理机制。高校需要建立起科学、有效的绩效管理体系，包括明确的职责分工、规范的工作流程、科学的绩效考核方法等。同时，还需要建立绩效信息的反馈机制，及时掌握和评估高校的绩效状况，为管理决策提供科学依据。

目标导向原则的核心是以目标为导向，能够激发高校的工作动力，提高工作效率，推动高校的持续发展。通过明确绩效目标，制定有效的管理机制，高校能够更好地实现自身的使命和愿景，提升绩效管理水平，推动高校的整体发展。只有将目标导向原则贯彻到高校绩效管理的方方面面，才能够实现高校绩效管理的有效运行。

（二）全员参与原则

全员参与是高校绩效管理中的一项重要原则，它强调了广泛参与和合作的必要性。在高校绩效管理中，不仅仅是管理层的责任，而是要让每个成员都参与进来，共同努力实现绩效目标。

1. 提高组织的凝聚力和团队合作精神

当每个成员都参与到绩效管理中时，不仅是管理层在积极推动和决策，而且是每个员工都有机会提出自己的意见和建议。这样可以在整个组织中形成一个合力，共同努力实现高校绩效管理的目标。

2. 激发员工的积极性和创造力

当员工感到自己是整个绩效管理过程中的重要一环时，他们会更加投入工作，积极主动地提出改进和创新的想法。这种积极性和创造力的释放将对高校的绩效管理产生积极影响，促进学校的可持续发展。

3. 促进知识共享和学习文化的建设

绩效管理的过程中，各个部门和团队之间需要进行信息交流和知识共享，通过全员参与，能够促进学校内部各种资源的共享与协同，提高信息流通的效率，确保各项工作能够有序进行。

4. 增强员工的责任感和参与感

当员工感到自己对绩效管理的贡献被重视和认可时，他们会对自己的工作充满责任感，积极主动地参与到绩效管理的各项工作中来。这种责任感和参与感的增强将带动整个学校的绩效水平不断提升。

(三)全面评估原则

在高校绩效管理中，全面评估原则是非常重要的一项原则。全面评估原则，顾名思义，就是要在绩效管理的过程中对高校的各个方面进行全面的评估，从而更全面地了解高校的运行状况和绩效表现。全面评估原则可以帮助高校发现问题、优化管理，并为高校的改进和发展提供有力的支持。

(1)全面评估原则要求对高校的各个绩效指标进行全面的评估。这包括对教学质量、科研水平、社会服务、人才培养等多个方面的评估。通过全面评估，可以全面了解高校在各个方面的表现，发现存在的问题和不足之处。这样，在制定改进措施时就可以有针对性地解决问题，提高高校的整体绩效。

(2)全面评估原则要求积极收集各方面的数据和信息。只有获得全面、准确的数据和信息，才能对高校的绩效进行全面评估。因此，高校应当建立科学的数据收集与管理制度，确保收集到的数据真实可靠。同时，还应当积极利用各种途径和方法，收集各个方面的信息，包括学生的学习成绩、教师的科研成果、高校的社会影响力等。通过细致入微的数据收集，才能对高校的绩效进行精准评估。

(3)在全面评估的过程中，要注重多元化的评价方法。不同的绩效指标需要不同的评价方法。高校可以采用定性和定量相结合的方法，综合运用问卷调查、专家评价、案例分析等多种评价手段，对高校的各项绩效指标进行评估。这样才能更全面、客观地了解高校的绩效表现，并为高校的改进提供科学的依据。

(4)全面评估原则要求评估结果的及时反馈与追踪。评估结果不仅是对高校的一种评价，还是对高校改进的指引。因此，评估结果需要及时反馈给高校相关负责人，帮助他们了解高校的现状并采取相应的措施。同时，还需对评估结果进行跟踪，了解改进措施的执行情况和效果，为后续的绩效管理提供数据支持。

三、高校绩效管理的目标

(一)提高教学质量

在高校绩效管理中,提高教学质量是一个核心目标。高校作为培养人才的场所,教学质量的提升直接关系到学生的学习效果和未来发展。因此,高校需要积极探索有效的方法和策略,以不断提高教学质量。

(1)高校可以通过优化教学过程来提高教学质量。教师是教学的主体,提高教师的教学水平和教学能力是关键。高校可以通过引入先进的教学理念、提供师资培训等措施,来提升教师的教学能力。另外,高校还可以加强对教师的评估和激励机制,激励教师积极投入教学工作,提高教育教学质量。

(2)高校可以注重课程建设,提高教学质量。课程是教学的基础,合理设计的课程可以激发学生学习的兴趣和潜能。高校可以通过引入实践教学、跨学科课程等方式,来丰富课程内容,提高课程的吸引力和实用性。此外,高校还可以加强教材建设,推动教材的优化和更新,确保教学内容与时俱进。

(3)高校可以借助现代技术手段来提高教学质量。随着信息技术的发展,高校可以运用多媒体教学、在线教育等方式,提供更丰富多样的教学资源和学习平台。这不仅可以增加教学的灵活性和互动性,也可以满足学生多样化学习需求,进一步提高教学效果。

(4)高校还可以加强对学生的个性化辅导,提高教学质量。每个学生都有自己的特点和需求,高校可以通过开展个性化辅导、设立导师制等方式,给予学生更多的关注和指导。这不仅能够引导学生的发展,也能够提高学生的学习积极性和满意度,从而提升整体的教学质量。

(二)加强科学研究

加强科学研究是高校绩效管理的重要目标之一。科学研究是高校学术发展的核心,也是推动社会进步和创新的重要驱动力。因此,高校应该致力于加强科学研究,不断提升研究水平和影响力。

(1)加强科学研究可以提升高校的学术声誉和国际影响力。高水平的科学研究成果能够引起国内外学术界的关注和认可,增强学校在学术领域的声誉。这不仅有助于吸引优秀的教师和研究人才加盟,还能够吸引更多国内外的合作机会和资源,推动学校的国际交流与合作。

(2)加强科学研究可以提高高校师生的学术素养和创新能力。科学研究的过程需要不断探索和创新,通过参与科研项目和进行科学实验,教师和学生可以培养和提升自己的学术素养和创新能力。这对于学术型高校来说尤为重要,因为他们的使命就是培养具有创新精神和学术能力的人才。

(3)加强科学研究可以促进学科建设和学术资源的集聚。高校应该注重学科的建设和发展,通过加强科学研究,可以推动学科的深度和广度发展,培养和引进更多高水平的学科带头人和科研骨干,形成学术研究的集聚效应。这不仅有助于提升学校的整体学科实力,还能够为学生提供更多的学习资源和发展机会。

(4)加强科学研究可以推动科技创新和社会发展。科学研究是推动科技创新和社会进步的重要基石。高校作为科学研究的重要场所,应该发挥其研究优势和跨学科的优势,推动科研成果的转化和应用,为社会经济发展做出更大的贡献。

因此,高校在绩效管理中要重视加强科学研究的目标。通过制订科学研究的指导性计划,提供优秀的研究条件和资源支持,激励教师和学生参与科学研究,不断提升高校的科研水平和影响力,进一步提升高校的核心竞争

(三)提升学校知名度

在当前高等教育竞争激烈的环境中,提升学校的知名度成为高校绩效管理的重要目标之一。学校知名度的提升可以带来多方面的好处,如吸引更多的优秀学生报考,增加校园的学术交流与合作机会,提高学校的社会声誉等。因此,高校需要制定相应的策略和举措,以实现提升学校知名度的目标。

(1)高校可以通过加强品牌建设来提升学校的知名度。建立和塑造学校的独特形象和品牌,对外传播学校的优势和特色,有助于树立学校的声誉和形象,吸引更多人的关注。可以通过在媒体上发布学校的优秀成果和突出表现,积极参与各类教育展览和学术交流会议等方式来推广学校的品牌形象。

(2)高校可以加强与外界的合作与交流,提高学校的影响力和知名度。高校可以积极与其他高校、企业和研究机构等开展合作项目和科研合作,共同研究解决当前社会和行业面临的重大问题。通过与其他知名机构的合作,高校的研究成果可以更广泛地传播和应用,从而提升学校的知名度和声誉。

(3)高校还可以加强对外宣传和推广,提高学校的曝光度和知名度。学校可以利用新媒体和社交平台等渠道,发布学校的最新动态和成就,吸引更多人的关注。同时,可以邀请知名学者和专家到学校举办讲座和学术交流活动,吸引更多的师生和社会人士参与,增加学校的知名度和影响力。

(四)增加社会影响力的目标

在高校绩效管理中,增加社会影响力被视为一个重要目标。高校的社会影响力是衡量其贡献和价值的重要指标之一。增加社会影响力不仅可以提升高校的声誉和知名度,还可以为社会做出更大的贡献。

(1)增加社会影响力可以帮助高校建立良好的品牌形象。一个具有较高社会影响力的高校往往能够赢得更多的关注和认可。这种认可可以增加高校在社会中的话语权和影响力,进而为高校带来更多的资源和支持。

(2)增加社会影响力也能够促进高校与社会的合作与互动。一个具有较高社会影响力的高校在与社会各界进行合作时更容易得到支持。社会各界对高校的信任和认可将会促进合作项目的顺利进行,并为高校提供更多的资源和机会,从而推动高校的发展。

(3)通过增加社会影响力,高校还可以扩大其在社会中的影响范围,进而对社会产生更大的影响力和效益。高校作为知识和文化的传播者,通过增加其社会影响力,可以更好地将学术研究成果和教育资源推广到社会各个领域,从而满足社会的需求,推动社会进步。

(4)增加社会影响力也是高校履行社会责任的表现。作为教育机构,高校肩负着培养优秀人才的重要使命。通过增加社会影响力,高校能够更好地将培养的人才输送到社会各个领域,为社会的发展和进步做出更大的贡献。

四、高校绩效管理的作用

(一)促进高校发展

高校绩效管理作为一种现代管理方法,具有促进高校发展的重要作用。

(1)通过高校绩效管理,高校可以实现资源的有效配置和优化利用。现代高校面临着各种资源的有限性,如资金、师资、物质设施等。通过绩效管理,高校可以对各项资源进行评估和优先分配,合理利用资源,进一步提高高校的运行效率。

(2)高校绩效管理可以推动高校内部各项工作的有序开展。在绩效管理体系的引导下,高校可以制定明确的目标和任务,并对各项工作进行绩效评估。这不仅可以加强对各部门、各个层级的管理和监督,还可以形成推动高校整体发展的内部动力,激发全体教职员工的工作热情和创新能力。

(3)高校绩效管理还可以帮助高校建立科学的绩效评价体系,为高校发展提供指导。通过对高校各项工作的绩效评估,可以及时发现问题和不足,并加以改进和完善。同时，绩效管理也可以评估高校在教学质量、科研成果、社会服务等方面的绩效表现，为高校的发展方向和决策提供科学依据。

(4)高校绩效管理还可以促进高校与外部社会的互动与合作。高校作为社会服务的重要组成部分，应该与社会各界保持紧密联系和合作。通过绩效管理，高校可以加强与企业、社团、政府等外部机构的合作，提升高校的社会影响力和服务水平，进而促进高校与社会的良性互动。

(二)提高学校竞争力

高校绩效管理作为一种管理工具，对于提高学校竞争力起着至关重要的作用。[①]学校竞争力是指学校在一定范围内与其他学校相比较的能力，包括招生能力、教学质量、科研实力等多个方面。通过绩效管理，高校可以提高自身的竞争力，从而在激烈的教育市场中处于有利的地位。

(1)高校绩效管理可以促进学校的内部优化，进而提升学校竞争力。通过制定明确的绩效目标和指标体系，高校可以深入挖掘内部潜力，推动各项工作的协同发展。例如，学校可以借助绩效管理将资源更合理地配置到教学、科研、服务等方向，提高教学质量和科研水平，从而增强学校的综合实力和市场竞争能力。

(2)高校绩效管理也可以帮助学校实现外部对比和学习，提高吸引力和竞争力。绩效管理的核心在于对绩效结果进行评价和比较，学校可以通过与其他高校进行绩效对标，了解自身的优势和不足，进而寻求改进和创新的机会。比如，学校可以通过与同类型高校进行对比，学习其成功经验和管理模式，借鉴其有效的做法并加以借鉴，从而提高自身的竞争力。

(3)高校绩效管理还可以激发教职员工的积极性和创造力，进一步提升学校的竞争力。通过建立明确的绩效考核和奖励机制，学校可以有效激励教职员工的工作热情和创新能力，促使其更加积极地投入教学和科研中去。例如，学校可以通过绩效管理将教师的教学质量和学生评价情况等因素纳入考核范围，鼓励教师积极提升教育教学水平，推动学校整体竞争力的提升。

(三)激励教职员工

高校绩效管理的一个重要作用是激励教职员工的工作动力和积极性。激励是推动员工发挥潜能，提高绩效的关键因素之一。在高校绩效管理中，激励教职员工可以采取多种方式和措施。

---

① 汪燕，桑志强.公共管理概论与信息服务创新[M].北京：经济日报出版社，2019.

(1)建立合理的薪酬制度是激励教职员工的重要手段之一。高校可以根据每位教职员工的工作表现、贡献和职务水平等因素来确定相应的薪资水平。通过薪酬体系的科学设计,可以激发教职员工的工作动力,增强其参与高校绩效管理的积极性。

(2)对教职员工进行职业发展规划和培训是激励的重要途径。高校可以为教职员工提供各类培训机会,提升他们的专业能力和知识水平。同时,通过制定具体的职业发展规划,可以为教职员工提供明确的晋升通道和发展前景,进一步激励他们不断学习和进步。

(3)高校还可以通过奖励机制激励教职员工。设立各种奖项,如科研成果奖、教学质量奖等,鼓励教职员工在各项工作中取得杰出成绩。这些奖励既是对教职员工努力工作的认可,也能够激发他们追求卓越的动力。

(4)高校可以开展各种宣传活动,宣传教职员工的先进事迹和突出贡献,提升他们的社会声誉和归属感。这样的宣传不仅能够激励教职员工,还对外树立了高校的良好形象,吸引更多的人才加入高校工作中来。

第二节　高校绩效管理的关键环节

一、高校绩效目标的设定和评估

(一)高校绩效目标的设定原则

在高校绩效目标的设定过程中,应遵循一些原则,以确保目标具有可衡量性、可达成性和可激励性。

1. 目标的可衡量性是非常重要的

高校绩效目标应当能够通过明确的指标和标准进行度量和评估,以便获得准确的绩效评估结果。例如,可以通过学术成果的数量、质量和影响力来衡量科研绩效,通过学生就业率和毕业生满意度来衡量教学绩效。

2. 高校绩效目标应具有可达成性

目标的设定应考虑高校的实际情况和资源能力,不能过于理想化或不切实际。目标应该合理、可操作,并能够在一定时间内实现。例如,针对科研绩效目标,应当考虑高校的研究实力、人力资源和研究设施等因素,确保目标的合理性和可实现性。

3. 高校绩效目标还应具有可激励性

目标的设定应能够激发教师和研究人员的积极性和创造力,以推动高校的发展和改进。因此，在设定目标时，应充分考虑个体的动机、兴趣和奖励机制，以激励其为目标的实现付出更多努力。例如，可以设定与目标相对应的奖励机制，如学术成果的贡献奖励、教学效果的评价奖励等。

需要强调的是，在高校绩效目标的设定过程中，应保持目标的清晰和明确性。目标应该具备足够的精确性和可操作性，以便进行准确的评估和反馈。同时，目标的设定也应考虑不同学科、专业和部门的特点和需求，以确保目标的适用性和有效性。

（二）高校绩效目标的评估方法

高校绩效目标的评估方法是确保高校能够客观、全面地评估其绩效目标达成程度的重要手段。在进行高校绩效目标的评估时，需要遵循一定原则并采用适当的方法。

(1)在高校绩效目标的评估中，需要明确评估的指标和标准。评估指标是对高校绩效目标的具体要求的具体化，而评估标准是对达成程度的具体要求的具体化。评估指标应该具备可度量性、可比性和可行性，以便能够进行量化分析和比较。评估标准应该能够准确衡量高校绩效的实际水平，使评估结果客观、准确。

(2)高校绩效目标的评估方法应该是多维度、多角度的。高校的绩效目标是多方面的，包括教学、科研、社会服务等多个方面。评估方法应该涵盖这些方面，从不同角度对高校的绩效进行评估。例如，可以采用教学质量评估、科研成果评估、社会影响评估等方法，综合考量高校在各个方面的绩效水平。

(3)高校绩效目标的评估方法应该是动态的。高校的绩效目标是不断变化的，需要根据高校的发展情况和具体要求进行相应的调整和变化。评估方法应该能够适应高校绩效目标的变化，并及时更新和调整评估指标和标准。同时，评估应该不仅关注目标的达成程度，还应该注重过程的合理性和质量，以确保高校在实现绩效目标的过程中能够健康、有序地发展。

(4)在高校绩效目标的评估中，应该注重参与和反馈的促进。高校的绩效评估不仅是由评估人员进行，还需要广泛参与到高校内部各部门和人员中。通过促进参与，可以使高校各方面的意见和建议得到充分考虑，提高评估的公正性和准确性。同时，在评估过程中应该及时给予高校反馈，使高校能够了解评估结果并做出适当的调整和改进，促进高校绩效的不断提升和发展。

二、高校绩效指标的选择和衡量

（一）高校绩效指标的选择原则

在设计高校绩效评估体系时，选择合适的绩效指标至关重要。高校绩效指标的选择需要遵循一定的原则，以确保评估的准确性和全面性。

（1）高校绩效指标的选择应与高校的整体目标和战略规划相一致。高校有各自的使命和愿景，其绩效指标应反映其核心价值和目标。例如，在提高教育质量方面，可以选择教学评估、学生满意度和就业率等作为绩效指标，以确保教育目标的实现。

（2）绩效指标的选择应具备可衡量性和可比性。衡量高校绩效需要有明确、可量化的指标，能够通过数据或信息进行测量和比较。例如，可以选择教师教学质量评估指标，如课堂表现、科研成果和学生参与度等，这些指标可以通过定量或定性的方式进行评估，便于对不同高校进行比较。

（3）高校绩效指标的选择应符合内外部的需求和要求。内部需求包括高校自身的管理需要和发展方向，外部需求则包括政府政策和社会期望。例如，在面对社会对高校社会责任的要求时，可以考虑将社会影响力和社区服务作为绩效指标之一，以促进高校与社会的紧密联系。

（4）高校绩效指标的选择应具备可操作性和可持续性。指标应该是可操作的，并且能够推动高校的改进和发展。同时，指标的选择应该具备可持续性，能够长期运用并适应高校发展的变化。应考虑社会和高校环境的变化，以及高校自身的发展需要，不断完善和更新绩效指标。

（二）高校绩效指标的衡量方法

在高校绩效评价中，高校绩效指标的衡量是至关重要的一环。只有通过科学有效的衡量方法，才能客观评估高校的绩效情况，并为进一步的优化和改进提供依据。下面将重点介绍高校绩效指标的衡量方法。

1.利用定量指标来衡量高校的绩效

定量指标基于客观数据，通过数值化的方式来反映高校的绩效表现。例如，可以利用学生人数、学生毕业率、科研经费支出数额等指标来衡量高校的教学质量和科研成果。此外，还可以利用社会影响力指标、国家级项目获得数量等指标来衡量高校在社会和国家层面的绩效。

2.定性分析

定性分析可以通过调研问卷、专家评议等方式，基于主观经验和判断来衡量高校的绩效。例如，可以通过学生、教师的满意度调查来了解高校的教学效果和学术氛围。

此外，可以组织专家评审会议，邀请相关领域的专家对高校的绩效进行评估和评议。

三、高校绩效评价体系的建立

(一)高校绩效评价体系的构建原则

在构建高校绩效评价体系时,需要遵循一些重要的原则,以确保评价体系的科学性和可操作性。下面将介绍一些关键原则,以供参考和指导。

1. 高校绩效评价体系的构建应基于明确的目标和任务

评价体系的建立必须明确符合高校的长期发展目标和短期任务,以便能够准确衡量和评估高校在实现绩效目标方面的努力和成效。例如,对于一个研究为主的大学来说,其评价体系可能更注重科研成果的质量和数量,而对于一所教学为主的大学,则可能更关注教学质量和学生满意度的提升。

2. 评价体系的构建应基于数据的科学性和可获取性

评价体系需要依托可靠的数据来源,确保评价指标的数据能够准确、全面地反映高校的绩效水平。在确定具体评价指标时,应注重数据的可测量性和可比性,以便进行有效的绩效比较和分析。同时,评价体系的构建还应考虑数据的获取成本和难度,避免给高校带来过大的负担和困扰。

3. 评价体系的构建应注重多维度和多层次的评价

高校的绩效不仅仅体现在一个维度上,而是涉及多个方面,如教学、科研、社会服务等。因此,在构建评价体系时,需要综合考虑各个方面的表现,并在评价指标的选择上进行适当的权衡。此外,评价体系应设定多个层次的评价指标,以便能够更全面地反映高校在不同层次上的绩效水平。

4. 评价体系的构建应注重灵活性和可持续性

高校是一个变化多样的组织体系,其发展环境和目标任务也会随着时间和情境的变化而发生变动。因此,评价体系的构建应具备一定的灵活性,在适应变化的同时保持评价的稳定性和连续性。同时,评价体系还应能够适应未来的发展需求,能够根据高校的变化和发展,持续地调整和优化评价指标和方法。

(二)高校绩效评价体系的具体内容

在构建高校绩效评价体系的过程中,需要考虑一些具体的内容,以确保评价体系能够全面、准确地反映高校的绩效情况。下面将从指标选择、数据收集和分析方法等方面进行阐述。

首先,指标选择是高校绩效评价体系中的重要环节。我们需要选择一些能够全面反映高校绩效的指标,并确保这些指标之间相互关联、相互补充。例如,我们可以选择学术声誉、科研成果、师生比例、毕业生就业率等指标来评价高校的学术水平、科研实力、教学质量和社会影响力。同时，还需考虑指标的可计量性和具体性，以确保评价体系能够得到准确的量化结果。

其次，数据收集是评价体系中的关键环节。我们需要确保所收集的数据具有可靠性和有效性。为了实现这一点，我们可以采用多种数据收集方法，如问卷调查、学生档案、科研成果报告等。此外，还可以结合相关学校管理系统和数据库进行数据整合和分析，以确保评价结果的客观性和准确性。[①] 在数据收集之后，我们需要采用合适的分析方法来对数据进行处理和解读。常用的分析方法包括统计分析、主成分分析、层级分析等。这些方法能够帮助我们从海量的数据中提取出有用的信息，并进一步分析高校绩效的优势与不足之处。通过这些分析，可以为高校提供改进和发展的方向，以提升绩效水平。

四、高校绩效激励机制的设计

(一)高校绩效激励机制的设计原则

在高校绩效激励机制的设计中，需要遵循一些原则，以确保其科学性、有效性和公正性。以下是几个重要的设计原则。

1. 明确目标

高校绩效激励机制的设计应该明确反映出高校的绩效目标。这些目标必须与高校的使命和发展战略相一致。例如，如果高校的发展战略强调科研成果的数量和质量，那么绩效激励机制应该重视科研方面的表现，并设定相应的指标和激励措施。

2. 多元评价

高校绩效激励机制的设计应该综合考察多个方面的绩效表现，而不仅仅依靠单一的指标或评价标准。例如，除了科研成果外，还应该考虑教学质量、学生满意度、社会服务和管理水平等方面的绩效。这样可以更全面地衡量高校的工作成效，并避免过度依赖某个特定领域的表现。

3. 激励机制与个体差异相适应

高校绩效激励机制的设计应该充分考虑个体的差异和特点。不同的教师、研究人员和管理人员具有不同的岗位职责和工作特点，因此绩效评价和激励措施应该根据岗位的性质和要求进行区别对待。例如，对于教学岗位的人员，可以考虑评估教学

① 代飞. 资本管理视角下央企混合所有制改革效应研究[M]. 北京：中国经济出版社，2021.

质量和学生评价的情况，而对于科研岗位的人员，则可以关注科研成果的数量和质量。

4. 公正和公平

高校绩效激励机制的设计应该保证公正和公平。权衡各方利益的同时，要确保评价的公正性和透明度。评价标准应该明确、客观和可量化，并避免主观性和歧视性的问题。此外，激励措施的分配应该公开透明，让全体员工都可以了解到绩效评价和奖励分配的过程。

（二）高校绩效激励机制的实施方式

高校绩效激励机制在实施方式上需要充分考虑各种因素，以确保其有效性和公平性。在设计高校绩效激励机制的实施方式时，可以采用以下几种方式。

1. 建立明确的目标与指标体系

高校绩效激励机制的实施需要依据科学、客观的目标与指标体系。这个体系应该具备普遍性与可衡量性，能够量化高校绩效的各个方面，并且考虑各个学科、专业的特定情况和特点。在实际实施中，高校可以制定出具体的绩效目标和指标，例如学术论文发表数量、科研项目获批数量等，以明确衡量绩效的标准。

2. 确立绩效评价的周期与频次

高校绩效激励机制的实施需要有明确的评价周期和频次。这样可以使得绩效激励与实际绩效之间能够有更加密切的联系。在实施中，可以将绩效评价的周期设置为一年或半年，频次可以根据实际情况进行调整。同时，可以将评价结果与组织机构的年度绩效考核相结合，以增加评价的权威性和可信度。

3. 采用奖励与惩罚相结合的方式

高校绩效激励机制的实施方式可以采用奖励与惩罚相结合的方式，以激发教职工的积极性和主动性。对于取得显著绩效的教职工，可以给予相应的奖励，如晋升职称、获得荣誉称号等；而对于未能达到预期绩效的，可以采取相应的惩罚措施，如减少绩效工资、限制职称晋升等。通过这样的激励与惩罚机制，可以有效促使教职工认真对待高校绩效目标，积极参与高校的发展。

4. 建立公平、公正的评价程序与机制

高校绩效激励机制的实施需要确保评价程序和机制的公平公正性。评价程序应该合理设计，以确保各个教师都有平等的机会展示自己的绩效，并且评价过程要充分透明、公开。此外，还可以引入同行评议机制，通过专家学者的评价意见，保证评价的客观性和权威性。

第三节　高校财务绩效管理与控制

一、整体计划管理与控制

(一)整体计划管理与控制的概念与意义

整体计划管理与控制是高校财务绩效管理与控制中至关重要的一环。它涉及对整个绩效管理过程的规划、组织和控制,旨在确保高校财务部门能够有效地实现其目标和任务。具体而言,整体计划管理与控制包括信息的收集、分析与整合,制定绩效目标与任务,确定资源的配置和利用方式,以及制定相应的控制机制与监督措施。高校财务绩效管理与控制的整体计划管理与控制具有深远的意义。[①] 一是它能够促进高校财务部门与整个组织的协同发展。通过明确绩效目标和任务,整体计划管理与控制能够帮助高校财务部门与其他部门进行有效沟通和协作,实现统一的目标和利益。二是整体计划管理与控制能够提高高校财务绩效的可预测性和稳定性。通过对信息的收集和分析,财务部门能够及时发现问题和风险,并采取相应的措施进行调整和改进,从而确保财务绩效的稳定和可持续发展。三是整体计划管理与控制能够提高高校财务绩效的透明度和公正性。通过建立合理的绩效评估和内部审计机制,可以确保财务绩效评价的客观性和公正性,防止不当行为的发生,增强组织成员的绩效激励和参与意识。

(二)整体计划管理与控制方法

在高校财务绩效管理与控制中,整体计划管理与控制是一个至关重要的环节。它涉及对高校财务目标的制定、资源的配置、预算的编制等方面,通过系统地进行规划和控制,以确保高校财务绩效的实现和提升。

整体计划管理与控制需要明确高校财务绩效的目标和方向。这意味着高校需要明确自己的财务目标,如降低成本、提高效益、增加收入等。根据目标的不同,可以制订相应的财务计划和控制措施,以实现目标的有效达成。

首先,高校可以运用一些财务管理工具和方法来进行整体计划管理与控制。例如,可以使用财务指标分析来评估和监控财务绩效。通过制定合适的财务指标,可以对高校的财务状况和绩效进行定量化的评估,并及时发现潜在的问题和风险。此外,

---

① 刘盈池.高校财务内部控制与绩效管理研究[M].北京:新华出版社,2022.

还可以运用预算编制和管理等方法来有效控制财务资源的利用和分配。

其次，高校可以采取一些策略和措施来加强整体计划的管理与控制。例如，可以建立健全的财务管理体系，确保各项财务活动的规范进行。同时，可以加强沟通协作，促进各职能部门之间的信息共享和合作，以实现整体计划的协调一致。

二、组织人事管理与控制

(一)组织人事管理与控制的概念与意义

组织人事管理与控制作为高校财务绩效管理与控制的重要组成部分，对于实现高校财务绩效的优化与提升起着不可忽视的作用。它不仅关乎高校财务资源的运用与配置，还直接关系到高校财务绩效目标的实现。

首先，组织人事管理与控制在高校财务绩效管理中具有明确的概念。它涵盖了对高校财务管理人员的招聘、任职、培训和管理等方面的一系列活动，旨在确保高校财务管理层面的人员素质和能力达到较高水平，以适应不断变革的高校财务绩效管理需求。

其次，组织人事管理与控制在高校财务绩效管理中扮演着关键的角色。它不仅能够推动高校财务管理人员的专业成长，还能够协助高校财务部门有效地组织和调配人力资源，确保高校财务绩效管理的各项工作有序推进。通过合理的组织人事管理与控制，高校财务绩效管理的目标和策略能够更好地落实到实际操作中，人员的匹配度和适应性也可以大幅提升。

最后，组织人事管理与控制还能够帮助高校财务部门构建稳定的团队。通过合理的人事管理与控制策略，高校财务部门可以通过人员的配备和激励机制来塑造一个稳定、有活力的团队，充分发挥团队成员的专业优势，并激发他们的工作热情和创造力。这种有序的人事管理与控制不仅能够提高高校财务绩效团队的整体素质，还能够增强其应对复杂和多变环境的能力。

(二)组织人事管理与控制的方法

在高校财务绩效管理与控制中，组织人事管理与控制起着重要的作用。它涉及如何合理配置人力资源，激发员工的工作动力，提高组织绩效的关键问题。本节将介绍高校财务绩效管理与控制中的组织人事管理与控制方法，以协助高校实现优质的财务绩效。

首先，高校可以采取目标导向的组织人事管理与控制的方法。这意味着从组织的整体目标出发，制定出明确的绩效目标，并将其传达给各个部门和员工。通过设定明确的绩效指标和绩效考核体系，高校可以激励员工朝着共同的目标努力，并及时发现和纠正绩效偏差。

其次，高校可以采取多元化的绩效激励机制，来促进组织人力资源的发展。这包括薪酬福利、晋升机会、培训发展等方面的激励手段。高校可以根据员工的贡献程度和绩效表现，进行差异化的薪酬激励，并提供晋升机会，以激发员工个人的发展动力。同时，高校还应该注重培训发展，为员工提供学习成长的机会，提高他们的绩效素质。

再次，高校可以引入有效的沟通和反馈机制，以确保组织人事管理与控制的有效落实。这可以包括定期的团队会议、个人面谈等形式，通过与员工的沟通交流，了解他们的需求和问题，并提供及时的反馈和指导。通过有效的沟通和反馈，高校可以及时调整人员的配置和工作分配，帮助员工充分发挥其潜力，并提高整体的绩效。

最后，高校还可以借鉴成功的组织人事管理与控制案例，作为参考和借鉴。通过学习和分析成功案例，高校可以发现其中的优秀经验和做法，并将其应用到自身的管理与控制中。这有助于高校提高组织人事管理与控制的效果，促进财务绩效的提升。

三、绩效评估管理与控制

(一)绩效评估管理与控制的概念与意义

绩效评估管理与控制是高校财务绩效管理与控制中至关重要的一环。它通过对高校财务绩效进行全面、客观、准确的评估，为高校的决策提供科学的依据，帮助高校实现财务目标、优化资源配置、提高经济效益。

在理解绩效评估管理与控制的概念之前，首先要明确绩效评估的含义。绩效评估是对高校财务绩效进行定性和定量的测量和评价。通过绩效评估，高校能够了解自身在财务绩效方面的表现，识别出优势与不足，从而采取适当的措施改进。

绩效评估管理与控制的意义在于为高校提供一个全面的财务绩效管理框架。通过对绩效评估管理与控制的实施，高校能够全面了解各项财务指标的达成程度，发现存在的问题和隐患，及时采取纠正措施。同时，绩效评估管理与控制还能够提供相对客观的评估依据，避免了主观臆断和盲目决策的发生。

高校财务绩效评估管理与控制方法是实现绩效评估的工具和手段。常见的方法包括基于指标体系的评估方法、基于成本效益分析的评估方法、基于财务比率分析的评估方法等。这些方法可以根据具体情况和目标进行灵活组合，以实现绩效评估的准确性和有效性。

高校财务绩效评估管理与控制的案例分析也是非常重要的一部分。通过对实际案例的分析，我们可以深入了解绩效评估管理与控制的具体应用和效果，从而为其他高校提供借鉴和参考，加快推进财务绩效管理与控制的实践。

（二）绩效评估管理与控制的方法

在高校财务绩效管理与控制中，绩效评估管理与控制是一个非常重要的环节。通过绩效评估，可以对高校财务绩效进行全面的评估与监控，及时发现问题并采取相应的措施进行调整和改进。下面将介绍高校财务绩效管理与控制的绩效评估管理与控制方法。

首先，高校可以采用定量指标对绩效进行评估管理与控制。通过设定特定的指标体系，可以量化地衡量高校财务绩效的各个方面，如财务收入、支出、资产利用率等。这些指标可以帮助高校及时了解绩效的具体情况，同时也可以与其他高校进行比较，找出差距并制定相应的改进措施。例如，可以将财务收入占比、成本管理指标、资产回报率等指标纳入评估体系，以实现对财务绩效的量化管理和控制。

其次，高校可以采用绩效评估报告的形式进行管理与控制。绩效评估报告是对财务绩效进行全面分析和总结的文档，可以帮助管理层了解绩效的具体情况和问题，并提出相应的对策和建议。在编制绩效评估报告时，需要对财务绩效的各个方面进行详细的分析，包括收入、支出、成本、资产利用情况等。通过对各项指标进行对比和分析，可以从绩效的多个维度来评估高校的财务绩效，并对不同方面的绩效进行重点关注和改进。

最后，高校可以采用案例分析的方式进行绩效评估管理与控制。通过对其他高校或类似机构的绩效进行案例分析，可以借鉴其成功经验和管理方法，从而提升自身的财务绩效管理水平。案例分析可以帮助高校发现问题、总结经验，并针对性地制定具体的改进与管理措施。例如，可以选择一些具有优秀财务绩效的高校进行案例分析，深入了解其成功的管理机制和关键因素，从而为自身绩效评估管理与控制提供有益的参考和指导。

四、内部审计绩效评估

（一）内部审计绩效评估的概念与意义

内部审计绩效评估是指对高校财务绩效管理与控制中的内部审计过程及成果进行评估和监控的一种方法。通过对内部审计绩效的评估，可以检查内部审计的有效性、可靠性和适用性，从而提供对高校财务绩效管理与控制的支持和监督。内部审计绩效评估作为一项重要的管理工具，对于高校财务绩效的提升和风险防控具有重要意义。

首先,内部审计绩效评估有助于提高内部审计的效能和效益。通过对内部审计过程和成果的评估,可以及时发现内部审计中存在的问题和不足,进而采取相应的改进措施,提高内部审计的效能和效益。内部审计绩效评估还可以为内部审计人员提供反馈和指导,帮助他们改进工作方法和技巧,提升内部审计能力和水平。

其次,内部审计绩效评估有助于提升高校财务绩效管理与控制的质量。通过对内部审计绩效的评估,可以评估高校财务绩效管理与控制的有效性和适应性,发现其中存在的问题和风险,为高校财务绩效的改进和优化提供依据和指导。在内部审计绩效评估的基础上,高校管理层可以制定相应的控制措施和政策,提升财务管理的质量和效率。

最后,内部审计绩效评估有助于加强高校财务绩效管理与控制的透明度和公正性。通过对内部审计绩效的评估,可以确保内部审计工作的透明度和公正性,避免利益冲突和不当行为的发生。内部审计绩效评估还可以提高高校财务绩效管理与控制的公信力和可信度,增强对各方利益相关者的信任和支持。

(二)内部审计绩效评估的方法

在高校财务绩效管理与控制中,内部审计绩效评估被认为是一项关键的工作。它旨在评估和监控高校内部审计部门的绩效,以确保其在财务绩效管理与控制中发挥有效的作用。

首先,通过制定绩效指标来衡量内部审计部门的绩效。这些指标可以包括审计报告的质量、审核过程的效率、发现的错误和漏洞数量等。绩效指标的制定应该考虑高校的特定需求和目标,以确保评估的准确性和适用性。

其次,采用绩效评估框架来评价内部审计绩效。这种框架可以包括评估审计员的能力和专业培训、内部审计的规范性和合规性等方面。通过这种方法,可以对内部审计部门的整体表现进行全面的评估,并提出改进和优化的建议。

再次,技术支持也是内部审计绩效评估中的重要因素。现代技术的应用可以提高审计过程的效率和准确性,同时也能提供更多的数据和信息支持。例如,利用数据分析工具和人工智能技术来快速发现数据异常和潜在的风险点,可以大幅提高内部审计的效率和效果。

最后,内部审计绩效评估还需要考虑持续改进的观念。高校财务绩效管理与控制是一个不断变化和发展的领域,因此内部审计部门需要不断学习和适应新的挑战和要求。通过持续改进和创新,可以提高内部审计绩效评估的可靠性和有效性。

第五章　高校预算业务控制

高校预算业务控制是当前高校管理体系建设的核心内容之一，也是高校其他管理控制的基础。预算与事业规划的衔接，可以将事业发展目标转化为预算管理目标，并作为高校经济活动的约束条件，从根本上保证高校内部控制目标的实现。可以说，高校的预算工作是高校其他各项工作的起点，也是整个高校内部控制的基础，在整个内部控制体系中发挥着举足轻重的作用，未来建设的成果将直接影响到高校内部控制运行的效果。

第一节　预算业务控制概述

一、预算业务控制的总体要求

依照《高等学校财务制度》的要求，预算业务控制的总体要求就是遵照制度要求，实现“合理编制学校预算，有效控制预算执行，完整、准确编制学校决算，真实反映学校财务状况”的目标。

高校的预算明确展示了资金的来源和使用策略，同时也呈现了大学事业发展计划的多个维度。通过对预算业务的严格控制，我们可以更好地监控学校的各项事业计划的实施情况。这不仅有助于学校对所有的收支进行全面、多角度的管理和监督，还可以灵活地调配资金，发挥资金的导向和集中作用，确保学校在教学、科研和后勤等方面的工作能够协同进行，避免由于缺乏统一的管理和财务分散导致的资金使用效果不佳等问题。

根据《高等学校财务制度》中的规定，高等学校预算编制应当遵循“量入为出、收支平衡”的原则。在编制收入预算时，我们应该采取积极而审慎的策略；在编制支出预算时，应全面考虑各方面因素，确保重点事项得到满足，同时也要注重节约和节俭。在编制高校的预算时，应参照过去一年的预算执行、结转和结余状况，并依据预算年度的事业发展目标、计划和财务能力，以及年度收支的增减因素和相应措施，按照预算编制的相关规定进行预算编制。高校的预算应当追求收支均衡，不应制定赤字预算。收入的预算是根据来源渠道来编制的，而支出的预算则是根据支出的目的或具体项目来编制的。

依照《高等学校财务制度》的要求，我国高等学校实行“统一领导、集中管理”的财务管理体制，规模较大的学校可以实行“统一领导、分级管理”的财务管理体制。相应的，高校预算体制需要与之相适应，也应采用这两种体制模式。前者主要适用于规模较小，收入支出比较单一的院校。后者主要适用于规模较大，收入支出多元化，复杂性较高的高校。其优点是有利于理顺校内财务关系、充分调动校内各预算主体当家理财的责任心和增收节支的积极性。但其编制相对复杂，需要有比较完善的内部控制系统、专业的预算管理人员和明确的权责关系，需要全校员工的广泛参与。

二、高等学校预算的定义及构成

(一)高等学校预算的定义

我国《高等学校财务制度》中指出，“高等学校预算是指高等学校根据事业发展目标和计划编制的年度财务收支计划”。它是对高校年度收支的规模和结构进行的预计和测算。

按照预算管理权限，行政事业单位预算管理分为三个级次。

(1)一级预算单位，是直接从同级财政部门领取预算资金和对所属单位分配、转拨预算资金的单位预算，也称主管部门预算。

(2)二级预算单位，是从一级单位预算领取预算资金，又向所属单位分配转拨预算资金的单位预算。

(3)基层预算单位，是仅与上级单位或财政部门发生领取预算资金关系的单位预算。有些主管部门虽然直接从财政部门领取预算资金，但下面无所属单位预算的，也视同基层预算单位。

按照我国目前的预算管理制度，在政府的预算结构中，由政府出资建立的高校被视为政府的预算单位，通常被归类为二级预算单位或基层预算单位。它们之间并没有直接的预算缴拨款联系，而是通过政府教育管理部门与政府财政建立预算缴拨款的联系。因此，每一所学校并不是负责预算的单位，它们更像是二级或基层的预算单位。而具体是二级还是基层预算单位，这主要是基于高校是否拥有其下属的预算单位来决定的。

(二)高等学校预算的构成

根据编制的具体范围，高校的预算可以被划分为部门预算和内部预算两大类。

对于高校来说，部门预算是根据政府预算的分级管理要求制定的，由高校的上级预算单位进行综合汇总，然后上报给财政部门的学校预算，这是各级政府预算的一部分。高校的内部预算指的是该机构自身以及其下属单位每年的财务收入和支出所编制出来的预算，这是高校在执行其职责和完成各项事业计划时的财务预期。这体现了高校的特定职责以及其内部的具体工作职责，例如在教学和科研等领域。通常，这会被细化并分配给高校内部的各个功能部门或学院。高校的内部预算是由相关职能部门或院系等机构来执行的，这与高校的内部管理策略是一致的。高校作为政府各级预算的组成部分，必须严格按照政府部门的预算标准和规定行事。由于其内部预算具备全面和综合的特质，它能够对政府部门的预算进行明确和细致的划分，同时也能对那些在规定格式的部门预算中不能包含的收入和支出（如预期年度中额外拨款的财政补助的收入和支出）进行更为详细和细致的拆分。高校能够通过详细的支出细节来确保单位的内部预算能够有效地管理和控制经济活动。

从预算编制的内容和详细度来看，高校的内部预算往往比部门预算更为全面和细致。高校的内部预算能够直接将预算细化并落实到最基层。该方法将财务收支的预算指标细化到了学校的各个二级单位，并进一步细化到了不同的科室和个体；高校的内部预算可以直接与其工作职责和相关事宜相联系。它巧妙地将职责和财务权力结合在一起，资金根据实际情况流动，强调绩效，并确保资金预算与年度任务计划之间的和谐配合。因此，高校的内部预算作为部门预算的有效补充，两者共同构建了一个完整的高校预算管理框架。

高校预算按照编制的内容，主要由收入预算和支出预算组成。

收入预算是高校开展教学、科研及其他活动依法取得的非偿还性资金预算。主要包括财政拨款收入、上级补助收入、事业收入、事业单位经营收入、下级单位上缴收入、其他收入等。

（1）财政补助收入，即高校从同级财政部门取得的各类财政拨款，包括财政教育拨款、财政科研拨款、财政其他拨款等。

（2）事业收入，即高等学校开展教学、科研及其辅助活动取得的收入，包括教育事业收入和科研事业收入。

（3）上级补助收入，即高校从主管部门和上级单位取得的非财政补助收入。

（4）附属单位上缴收入，即高校附属独立核算单位按照有关规定上缴的收入。

（5）经营收入，即高校在教学、科研及其辅助活动之外，开展非独立核算经营活动取得的收入。

(6)其他收入,即本条上述规定范围以外的各项收入,包括投资收益、利息收入、捐赠收入等。

支出预算是高校开展教学、科研及其他活动发生的资金耗费和损失。主要包括事业支出、经营支出、对附属单位补助支出、上缴上级支出、其他支出等。

(1)事业支出,即高校开展教学、科研及其辅助活动发生的基本支出和项目支出。

(2)经营支出,即高校在教学、科研及其辅助活动之外开展非独立核算经营活动发生的支出。经营支出应当与经营收入配比。

(3)对附属单位补助支出,即高校用财政补助收入之外的收入对附属单位补助发生的支出。

(4)上缴上级支出,即高校按照财政部门和主管部门的规定上缴上级单位的支出。

(5)其他支出,即本条上述规定范围以外的各项支出。包括利息支出、捐赠支出等。

三、高校预算管理的业务流程与控制环节

预算业务控制是对预算业务的整体控制,它是指单位通过建立健全预算业务内部管理制度、合理设置预算业务管理机构或岗位、建立部门间沟通协调机制和预算执行分析机制、加强内部审核审批等控制方法,对预算编制、批复、预算下达、追调、预算执行、决算和绩效评价几个环节实施有效的控制。① 根据单位预算管理基本业务流程,结合《行政事业单位内部控制规范(试行)》相关规定,我们可以把高等学校预算业务控制分为组织管理体系控制、预算编制控制、预算细化控制、预算批复控制、预算下达控制、预算追加调整控制、预算执行控制、决算控制、考评控制等。

第二节　预算业务控制的目标

高校的预算业务控制的总体目标应当在国家政府预算管理的总体框架和规定之内,并结合高校自身的业务特性,加强对高校预算体系的管理。在严格遵守同级财政部门预算审批的标准和规定的前提下,我们对部门预算在高校内部进行了详细的拆分和细化,明确了负责完成各项工作任务的具体部门和实施方式,并通过明确的支出

① 王同孝,王以涛.高等学校内部控制理论与实务[M].北京:应急管理出版社,2021.

细节来实现预算目标。我们采纳了“高校内部统筹，对外统一出口”的综合预算管理策略，始终坚守收支平衡、平衡收支、量入为出的原则，并实施目标责任制，确保预算的编制、审批、下达、追加调整、执行、决算及绩效评估等各个环节都得到了完整的管理。

针对具体业务流程环节的控制目标，列示如下。

一、预算业务组织管理的控制目标

(1)建立符合单位实际且具有可操作性的预算管理制度和流程，确保单位预算管理各个环节有章可循、规范有序，以使预算管理政策在学校内部各机构和不同会计期间的应用保持一致。

(2)设置合理的预算管理组织体系，明确预算业务各个环节的工作流程、时间要求、审批权限和责任划分。

(3)科学设置预算业务管理机构和岗位，明确预算管理授权审批权限和岗位职责，确保岗位人员配备合理。

(4)建立合理的组织领导和工作协调机制，确保预算管理运行机制健全有效，保障预算管理工作有效开展。

(5)建立高校内部各二级单位与财务部门之间沟通协调和信息传递的通道，实现预算与资产配置相结合、与人员数量相关联、与具体工作任务、事项相匹配，根据工作计划细化预算编制，确保预算的及时性、完整性和科学性。

二、预算编制控制目标

预算编制控制要求编制者应该切实理解和掌握预算编制要求，确保预算编制符合国家法律法规，做到程序规范、方法科学、编制及时、内容完整、项目细化、数据准确；应根据学校年度目标和工作计划编制学校预算，确保预算编制依据充分，方案符合学校实际，避免预算指标过高或过低；确保预算编制过程中学校二级单位沟通协调充分，实现预算与资产配置相结合、与具体工作相对应；对学校预算建议数编报和预算编制数分解进行恰当审批，确保学校预算方案编制的合理性、准确性、完整性和可行性。[①] 根据预算编制的流程，具体控制目标如下。

(一)“一上”预算编制的控制目标

(1)在“一上”预算阶段，高校需要明确预算编制的具体要求、内容和流程。这包

① 石彬.高校财务内部控制的问题与对策研究[M].延吉：延边大学出版社，2022.

括汇总校内各二级单位提交的“一上”收支预算，并以此为主要参考依据。此外，还需完成部门预算相关的基础数据表（如高校学生资料、退休人员信息、附属中小学人员资料、基本支出中的人员经费和公共经费分配比例）、基础信息数据库（包括人员编制、实际人数、退休人数和机构设置）、项目支出预算（如“六大专项”项目库和项目支出数）、存量资产的统计、新增资产的配置预算以及政府采购预算的编制和提交。做到预算编制合法、合规、完整、详细、准确。

（2）预算基础数据收集过程中，高校内部的人力资源管理部门、学生管理部门、资产管理部门、离退休人员管理部门等有关单位和财务部门之间的沟通要充分、协调要顺畅，确保预算编制基础数据真实、完整、准确，数据间的勾稽关系正确无误。

（3）提前准备三年滚动项目库，做好项目储备工作，加强项目论证，规范项目立项，细化充实项目信息，清晰反映项目内容、具体活动和支出需求，提高项目预算编制的科学性和准确性。完善项目决策机制，落实项目编制和审核责任。

（4）提前启动“一上”校内预算编制，明确人员数据统计的时点，资产存量数据统计的时间区间，项目支出政府采购的限定范围；以汇总的“一上”校内预算、历史数据等信息为依据，严格按照上级主管部门通知的时限要求编制上报“一上”部门预算，确保预算编报有序、及时。

（二）接收上级主管部门“一下”预算控制数的控制目标

（1）依据“一上”预算编制的基础数据和基础信息，测算上级主管部门下达的“一下”预算控制数是否与测算应收收入一致。如果不一致，应咨询上级主管部门，查清原因。

（2）及时将核对无误的部门预算“一下”预算控制数，作为校内预算财政补助收入和支出预测的主要依据，计入校内预算综合稿，测算出校内预算收入总额和支出总额。

（3）按照下年度校内预算收入总额和支出总额，本校的职责、任务和事业发展计划，本校上一年度预算执行情况和本年度预算收支变化因素等依据，向校内二级单位分解下达校内预算“一下”预算控制数，布置启动校内预算“二上”阶段的预算修改和细化工作。

（4）根据部门预算“一下”预算控制数中的项目支出明细内容，布置启动财政专项项目执行的前期准备工作。

（三）“二上”部门预算编制的控制目标

（1）合理规划下一财年的部门预算收支：根据上级管理部门的“一下”预算控制数

值来设定财政补助的收入和支出预算；在制定预算时，我们综合考虑了事业的发展计划、每年的工作安排、学生应缴纳的费用变动、学校内部二级单位的"一上"预算申报数量等多个因素。基于这些考虑，我们对下一年的事业、经营和其他非财政补助收入以及支出进行了合理的预测。

(2)尽可能准确地预测政府采购预算："二上"预算编制过程中校内二级单位应与招标采购部门、财务部门之间沟通协调充分，确保政府采购预算与基本支出收支总额、项目支出各个项目收支额相匹配，确保政府采购预算符合学校年度目标和工作计划，确保政府采购预算符合单位实际。

(3)实现预算与资产配置相结合、与具体工作相对应，根据工作计划细化预算编制，合理设计预算目标及指标体系，提高预算编报的科学性，确保预算方案的审批合规、合法。

(4)部门预算基本支出要细化到支出经济分类项级；项目支出要细化到支出经济分类项级，并且需要设定项目绩效指标体系。

(5)严格按时间进度编制预算，确保预算草案编制工作在预算年度开始前如期完成。

三、预算细化的控制目标

(1)部门预算"一下"预算控制数进入并约束校内预算之中的财政补助收入和支出、财政项目支出的收入和支出；部门预算"二下"批复数进入并约束校内预算之中的除财政补助追加收入以外的收入和支出、新增资产上限、政府采购上限等。

(2)要求校内二级单位在分解到各单位的"一下"预算控制数框架内，修改和细化本单位预算，做到财权与事权相匹配、资金安排与工作任务相适应。对于财政专项项目支出要细化绩效指标，进行绩效预算管理。

(3)在汇总校内各单位申报的"二上"预算后，提交学校管理层决策，要确保校内预算的收入总额不能低于部门预算"二下"批复的收入总额，支出总额不能突破本年收入与上年结转、用事业基金弥补收支差额之和。

(4)要求校内二级单位在收到"二下"批复预算后，立即启动预算执行计划的编制工作，将预算收入和支出按照工作内容进行进度细化，生成预算执行计划书，纳入预算考核评价体系。

四、接收上级主管部门"二下"预算批复并公开的控制目标

(1)在保密制度的约束下，按规定流程接收上级主管部门的"二下"预算批复。

(2)根据预算公开管理规定,将预算批复数据和表格,填入规定格式的“预算公开表”。

(3)在法定时间期限内,按时在规定的公开媒介上对外公开“预算公开表”。

(4)将上级主管部门的“二下”预算批复数,结合校内预算综合稿、校内二级单位“二上”预算、学校年度目标和工作计划等因素,相应处理并分解后,生成校内预算批复,下达给各个校内二级单位,启动预算执行计划的编制工作。

五、接收上级部门预算追加的控制目标

(1)上级部门对高校追加的财政补助收入,学校财务部门应在收到拨款文件后,尽快确定并联系此追加拨款的经费执行负责人和归口管理单位。

(2)对于追加拨款的项目支出,应及时根据项目预算进行细化落实,要求经费执行负责人和管理单位立即制订项目执行计划,财务部门要在财务系统完成项目设置和预算控制,项目执行负责人和管理单位应与高校财务部门协同合作,加快执行进度。

(3)关于额外拨款的基础支出,有必要及时掌握拨款的具体原因和资金分配的依据。如果这些资金是由高校在校级层面进行统筹使用的,那么应当根据学校预算管理的相关规定,尽快提交给学校管理层进行最终决策;对于特定用途或指定经费负责人的基本支出拨款,例如规范津补贴、离退休人员调资经费、学生奖助学金等,应根据国家的相关规定将经费分配给人员,加速预算的执行。

(4)对于追加拨款的财政“六大专项”,应在收到拨款文件后着手设定项目绩效目标,实施绩效预算管理。

六、申请预算调整的控制目标

(1)预算调整符合法律法规规定的条件,调整程序合法合规,严格控制预算追加调整,不存在未经批准的预算调整,充分发挥预算对经济活动的管控作用。

(2)提升预算草案编制的科学性、合理性和准确性,应当符合学校实际情况,并得到相应审查批准,确保预算调整依据充分、方案合理,尽可能减少预算追加调整。

(3)高校的预算支出应当按照预算科目执行。严格控制不同预算科目、预算级次或者项目间的预算资金的调剂,确需调剂使用的,按照国务院财政部门的规定办理。

七、预算执行过程的控制目标

(1)预算执行前应有预算执行计划。

(2)预算执行主体明确，责任划分清晰，业务活动开展前经过适当授权审批，确保各项经济活动都在授权的范围内运行，预算执行可控并在预算范围内落实到位。

(3)预算执行应与工作任务执行相匹配、财权配置与事权配置相匹配。

(4)预算执行过程可控，实施全程监控，全面掌握预算执行的进展和结果，建立预算执行情况预警机制，确保单位在批复的预算框架内根据细化预算安排各项收支，杜绝资金挪用现象，确保能够及时发现并纠正预算执行过程中出现的偏差问题。

(5)加快财政资金的暂付款、预付账款、其他应收款的周转和清理，国库零余额账户资金核算禁用权责发生制原则。

(6)加快预算执行，提速执行进度，提前启动财政专项项目支出的工程准备工作和招标工作，及时申报项目审计，按工程进度付款，加大力度消化财政存量资金。

(7)建立预算执行反馈与报告体系，确保预算执行信息能够被及时、畅通和有效地传输，学校领导能够全面、及时地掌握预算执行中存在的问题。

(8)优化预算考核机制，通过重点督查、随机检查、项目自评等方式，加强预算绩效管理，为预算源头不出错、执行过程无漏洞、预算结果公开透明提供保障。

八、财务决算的控制目标

(1)上级主管部门和高校应在法定会计年度终了日结束本年度全部会计核算业务，回顾核对全年账务，确保财务数据达到基本要求：全面、完整、合规、无误。否则，不能进入年终结转的环节。

(2)及时统计校内预算分单位、分项目的执行结果，生成校内预算执行情况数据分析表。将相关预算执行结果流转至预算执行审计部门、预算执行考评部门进行下一步工作。

(3)年终结转账务处理应按法定规则依次完成，不得违规超标提取职工福利基金、学生奖助基金、其他专用基金；不得将财政补助结转或结余进行分配、不得转入事业基金；不得将事业收入和其他收入中的项目支出结转，以及其他收入中的限定性捐赠收入年末余额转入事业基金，确保决算合规、真实、完整、准确。

(4)按时编制大学部一级财务账套的决算报表，汇总校内独立核算单位和有独立预算户头的附属中小学的财务报表，形成大学合并报表。根据决算数据开展分析，结合年度学校工作总结、校内各单位工作总结，撰写年度决算文字说明。

(5)按规定的程序、方式和形式审核决算报表和文字说明，通过后履行集体决策程序上报上级主管部门。确保决算数据和资料真实、完整、准确、及时，决算分析工作全面有效，决算分析结果体现单位预算编制与执行情况。

(6)加强决算分析和结果运用,建立健全预决算协调机制,使决算和预算有效衔接、相互映衬,从而进一步提升单位的内部管理水平,提高财政资金使用效益。

(7)接到上级主管部门决算批复后,将规定的数据和表格在规定时限内通过学校的专门信息公开栏目进行部门决算公开。

九、预算考核评价的控制目标

(1)预算考核评价应全面涵盖高校预算全类型和全过程。如:高校中央部门预算、高校校内预算;预算编制情况、预算执行率、预算执行过程合规性、预算实施效果、结果绩效自评等。

(2)加强预算绩效管理,建立起"预算编制有目标、预算执行有监控、预算完成有评价、评价结果有反馈、反馈结果有应用"的全过程预算绩效管理机制。

(3)确保绩效考核覆盖到关键部位,确保过程公开透明、考核结果客观公正、奖惩措施公平合理。

(4)预算执行单位应对预算考评结果做出回复和反馈,要确保反馈的有效性,确保考评和反馈能够改善未来的预算工作。

第三节　高校预算业务主要风险点

一、预算业务组织管理体系建设的主要风险点

(1)预算管理意识薄弱,组织体系不健全,全员参与度不够,未建立一套完整的预算管理体系,包括预算组织、预算制度、预算执行及考核具体办法等,导致预算管理工作松散,预算执行随意性较大。

(2)预算管理组织机构、预算岗位未设置或者设置不合理、职责分工不明确,可能导致工作人员不具备预算的专业知识和技能,制定的预算方案达不到合理有效的目的,对于预算问题很难找到相关责任人。

(3)预算相关部门和岗位缺乏有效沟通,可能导致单位内部各机构之间在预算管理上工作不协调、相互推诿责任,整体降低预算管理效率。

(4)单位支出定额标准体系不完善,单位预算管理无据可依,可能导致预算违法违规。

(5)单位预算不公开透明,没有根据国家相关法律法规拓展和细化公开内容,不能增强单位公信力,不利于促进社会监督。

二、“一上”预算编制的主要风险点

(1)未能明确高校“一上”预算编制要求、内容、程序,可能导致预算编制未能合法、合规,预算编制内容不完整、不准确。

(2)预算基础数据收集过程中,高校内部各部门沟通不充分、协调不顺畅,可能导致预算编制基础数据不真实、不完整、不准确,数据间的勾稽关系有误。

(3)预算编制前未能做好充分转变,项目储备工作及项目论证准备不充分,可能导致项目内容不清晰,项目预算编制缺乏科学性和准确性。

三、接收上级主管部门“一下”预算控制数的主要风险点

(1)未能依据“一上”预算编制的基础数据和基础信息对“一下”控制数进行复核,可能导致上级主管部门下达的“一下”控制数与高校测算的应收收入存在不一致,影响预算控制数落实。

(2)未能及时充分地将部门预算“一下”控制数作为校内预算财政补助收入和支出预测的主要依据,可能导致校内预算收入总额和支出总额测算不准确。

(3)未能科学分解预算“一下”控制数、未能及时向校内二级单位下达,可能导致校内预算“二上”阶段的预算修改和细化工作启动缓慢,影响预算编制进程。

(4)财政专项项目执行的前期准备工作不充分,启动不及时,可能导致财政专项项目相关预算编制工作延缓。

四、“二上”部门预算编制的主要风险点

(1)下年度部门预算收入和支出编制依据不充分,编制程序不合理,未能准确预测下年度事业收入、经营收入、其他收入等非财政补助收入和非财政补助支出,可能导致下年度部门预算收入和支出不能合理确定。

(2)政府采购预算与基本支出收支总额、项目支出各个项目收支额不匹配,政府采购预算预测不准确,可能导致政府采购预算不符合学校年度目标和工作计划。

(3)预算方案审批不合规合法,不能有效地对预算方案进行审核,导致预算编制内容科学性不足。

(4)预算方案编制内容不充分,部门预算基本支出未能细化到支出经济分类款级;项目支出未能细化到支出经济分类款级且设定项目绩效指标体系,可能导致预算方案内容不能有效落地实施。

(5)未能严格按时间进度编制预算,可能导致预算草案编制工作不能在预算年度

开始前如期完成。

五、接收上级主管部门“二下”预算批复并公开的主要风险点

(1)未能按照规定接收上级主管部门的“二下”预算批复,可能导致“二下”预算批复数据泄密,违反预算管理规定。

(2)未能及时准确地开展预算公开工作,按时在规定的公开媒介上对外公开“预算公开表”,可能导致预算工作违反预算公开管理规定要求。

(3)部门“二下”预算批复数未能合理地处理分解,并及时下达至相应部门,可能导致预算执行计划的编制工作缺少充分依据,或不能及时开展。

六、预算细化的主要风险点

(1)单位内部对预算指标的细化分解不合理可能导致内部各部门财权与事权不匹配,影响了部门职责的履行和财政资金使用效率。

(2)对于未分配的预算没有及时回收,未能重新安排,导致资源配置不合理,影响预算绩效,甚至可能出现贪污腐败现象。

(3)预算细化比例不合理,影响部门的正常运转和事业活动。

(4)预算细化不充分,影响预算执行进度,影响预算考核评价。

七、接收上级部门预算追加的主要风险点

(1)学校财务部门未能尽快确定并联系追加拨款的经费执行负责人和归口管理单位,可能导致追加预算不能有效落实。

(2)对于追加拨款的项目支出,未能及时根据项目预算进行细化落实,项目执行计划制订不科学,部门协同合作较低,可能导致项目执行进度缓慢。

(3)对于追加拨款的基本支出,未能及时了解拨款原因和拨款依据,并根据相应内容,按照规定确定执行部门及执行计划,可能导致基本支出追加预算执行进度缓慢。

(4)对于追加拨款的财政“六大专项”,未能在收到拨款文件后及时设定科学的项目绩效目标,实施绩效预算管理,可能导致追加预算执行违反预算管理规定。

八、申请预算调整的主要风险点

(1)预算调整发起不受约束频繁发生、项目评估不完善,造成预算调整随意,存在逆向激励的现象,可能导致预算失去严肃性和约束力。

(2)预算调整程序不合理，为预算的调整带来巨大障碍，影响预算调整的及时性；若预算调整行为约束不足，又导致预算资金的控制难度加大。

(3)预算审批权限不明晰，对于预算追加调整审批的额度、重要性等界定标准不明确导致审批权限配置不合理，易导致追加调整的随意性。

九、预算执行的主要风险点

(1)责任人对于是否需要申请执行判定标准不明确。由于业务执行过程的持续性和业务本身所涉及资金活动的复杂性，导致责任人对执行申请的时机判断不明确。

(2)申请执行的审批权限不明晰，对于预算执行审批的额度、重要性等界定标准不明确导致审批权限不明晰，易导致预算执行的随意性。

(3)预算执行的方式不合理，不符合各个执行方式的适用条件，导致预算审批程序复杂化，影响单位业务开展进度。

(4)预算执行过程中缺乏有效监控，在执行中随意调整预算、无预算随意支出，基本预算支出和项目预算混用，造成批复的预算没有按预期月途有效实施。

(5)预算执行没有进行分析，没有建立有效沟通，可能导致预算执行进度偏快或偏慢，进而可能削弱预算执行控制的效果，无法及时发现预算执行中存在的问题，导致预算执行出现较大偏差。

(6)预算的执行过程中没有严格按照批复的预算安排各项收支，影响预算的严肃性。可能出现资金收支随意性较大，或者没有按照规定履行相应的申请审批程序，导致预算执行与预算指标不符。

(7)未将单位支出纳入预算执行考核范围，缺乏对执行进度的把握，导致预算执行缺乏可控性。

(8)预算执行中各自为政，部门间沟通欠缺导致在预算执行方面财务人员不了解项目的进度，技术管理人员不了解预算执行情况，从而导致预算执行缓慢。

十、财务决算编制的主要风险点

(1)年终结转未严格依照法定规程处理，出现违规超标提取职工福利基金、学生奖助基金、其他专用基金等错误；或出现将财政补助结转或结余进行分配、转入事业基金等错误；或出现将事业收入和其他收入中的项目支出结转额，以及其他收入中的限定性捐赠收入年末余额转入事业基金等错误。

(2)决算与预算脱节。决算与预算口径不一致，不能及时反映预算执行情况，行政事业单位日常会计核算科目设置与预算收支科目不完全一样，导致日常核算不能及时反映预算执行情况;年终经过调整,仍可能存在决算与预算的不符,影响预算的严肃性。

(3)决算审核方式单一、审核形式不合理、审核内容不全面,导致决算审核流于形式,决算不符合规定,存在漏报、重报、虚报、瞒报、错报以及相关数据不衔接等错误和问题。

(4)缺乏对决算数据的分析和应用。可能出现将决算作为年度预算管理的终点,而没有对决算数据的反馈和分析应用,浪费了决算的潜在价值。

(5)缺乏与业务部门的沟通。决算工作绝不是财务部门的闭门造车,必须及时就相关预算执行工作与业务部门进行沟通,确保决算信息的可靠性。

十一、预算考核评价的主要风险点

(1)预算考评机制不健全,单位仅仅将绩效评价应用于年终决算之后,而不能在预算管理的整个过程中充分利用绩效评价来促进预算管理工作的改进,尤其是缺乏对预算执行过程的监控,导致对预算执行情况的评价存在不规范、不科学的地方。

(2)单位没有对预算外资金的使用情况、财政资金的使用效益等进行考核,预算考评内容不完整、考核过程不透明,可能导致奖惩不到位,严重降低了单位预算约束力,预算管理效率不足。

(3)预算的绩效评价结果往往被束之高阁,没有反馈到相应的人员和部门,导致绩效评价资源的浪费。

(4)绩效评价的反馈没有回应,绩效评价的真实作用难以发挥,无配套奖惩机制,难以真正达到对预算管理中一些顽固问题的促进解决。

第四节　高校预算业务控制策略与内容

一、预算业务组织管理体系控制

(一)统一思想、全员参与,健全单位预算管理制度,规范预算管理工作流程

预算管理是一个系统工程,不仅仅是财务部门的工作,更需要单位全体员工的共同参与,可以通过适当的激励机制,树立强化预算管理的理念,最大限度调动全员参与的积极性,认识到预算能优化资源配置、提高使用效率、加强单位管理、促进廉政建

设，对高校的发展具有战略意义。[①] 单位应全面梳理预算管理工作流程，根据业务实际需要制定内部预算管理制度，重视预算执行监督制度的完善、加强对预算执行的检查和监督，实现以规章制度规范单位预算管理全过程，保证财政资金安全有效使用。

（二）设置预算管理组织机构，明确预算管理岗位职责

1.设置预算业务管理机构

各个高校所面临的环境、内部运作机制以及业务活动和收支规模都有所不同。因此，不同的高校在预算管理组织体系的具体构建上也存在差异。但通常，预算业务管理机构应该涵盖预算业务管理决策机构、预算业务管理工作机构和预算业务管理执行机构这三个主要层面。

高校有权根据实际情况成立预算管理委员会，作为预算业务的决策管理机构。该单位的预算业务决策任务由其来负责。预算管理委员会的成员构成应包括单位的核心领导团队、财务和会计部门的负责人，以及其他相关部门的负责人。预算管理委员会通常是一个非常设的机构，它主要是通过定期或不定期的预算工作会议来进行工作，预算管理委员会是单位预算业务中的核心领导机构。

预算业务的管理机构通常位于财务部门，而单位的财务部门则是单位内部拥有财务管理功能的部门，它是单位预算管理的专门机构，负责执行日常的预算管理任务。预算业务管理工作机构作为预算业务的核心管理实体，在整个预算业务管理流程中起到了承前启后的关键作用。它对预算业务的科学化管理有着至关重要的影响，并在预算决策机构的决策分解、下达以及预算执行状况的实时监控和报告方面发挥着至关重要的角色。

预算业务管理执行机构作为单位内各个预算相关部门的一部分，负责运用分配给它的财政资金来执行各项业务活动，确保预算得到有效执行，并完成既定的工作任务以实现预算执行目标。预算业务管理执行机构作为预算的前线执行者，有责任严格遵循预算的最终执行方案。

除了前面提到的三个机构，归口管理部门在预算业务管理上也可能起到关键的作用。所谓的归口管理部门，是指高校可以指派专门的归口管理部门来负责指导和审核单位内部跨部门的经济活动和相应的预算经费支出。归口管理部门可以被视为位于预算业务管理执行机构与预算业务管理工作机构之间的一个过渡性部门。这意味着，在预算业务管理工作机构统一提交并进行汇总平衡之前，业务部门的预算建议数会先由归口管理部门进行审核，以提高预算编制的整体协调性和科学性。例如，在

---

① 薛绯.基于财务风险防范的战略预算管理评价与优化研究[M].西安：西安交通大学出版社，2018.

单位内部，所有与“三公”相关的经费都由其所属的部门办公室负责，所有学科建设的经费都由其所属的学科部门管理，所有后勤维护的费用都由后勤保障部承担，而所有信息化建设的经费则由信息技术部进行整合、权衡和调整后再进行上报。预算业务管理机构各部门的主要职能如下：

(1)预算业务管理决策机构的主要职能

①审定预算业务内部管理制度。

②确定单位预算管理的政策、办法和要求；审定年度预算编制总体目标和总体要求。

③研究审定单位预算草案，特别是重大项目立项和经费分配使用计划；协调解决预算编制和执行中的重大问题。

④听取预决算执行情况分析报告，组织召开预算执行分析会议，督促各执行机构按照进度执行预算并改进预算执行中存在的问题。

⑤审批预算追加调整方案。

⑥审定单位决算和绩效评价报告。

⑦其他相关决策事项。

(2)预算业务管理工作机构的主要职能

①草拟预算业务内部管理制度，报预算管理委员会审定后，督促各相关单位和岗位落实预算业务内部管理制度。

②拟订年度预算编制程序、方法和要求，报预算管理委员会审定。

③组织和指导各预算业务管理执行机构开展预算编制情况。

④汇总审核各预算业务执行机构提交的预算建议数，经过综合平衡，形成预算草案报经预算管理委员会审定后对外报送同级财政部门审批。

⑤组织各预算业务管理执行机构根据职能分工和工作计划对同级财政部门下达的预算控制数进行指标分解、细化调整。

⑥将单位按照法定程序批复的预算分解细化后的预算指标报经预算管理委员会审批后，下达至各预算业务管理执行机构。

⑦跟踪、监控、定期汇总分析预算执行情况，向预算管理委员会提交预算执行分析报告。

⑧汇总审核各预算业务管理执行机构提交的预算追加调整申请，行政预算调整方案，报预算管理委员会审议。

⑨协调解决预算编制和执行中的有关问题。

⑩编制单位决算报告和相关绩效评价报告，开展决算分析工作，报经预算管理委

员会审定后对外报送同级财政部门审批。

⑪做好其他相关工作。

(3)预算业务管理执行机构的主要职能

①提供编制预算的各项基本资料，根据本部门或本岗位的工作计划提出预算建议数。

②按照预算业务管理工作机构的要求及本部门或本岗位的工作计划对预算控制数进行分解、细化，落实到本部门的具体工作及相关岗位。

③严格按照审批下达的预算及其相关规定执行预算。

④根据内外部环境变化、工作计划的调整及单位的预算业务内部管理制度，提出预算追加调整申请。

⑤配合预算业务管理工作机构做好预算的综合平衡和执行监控，及时按要求解决本部门或本岗位预算执行中存在的问题。

⑥执行其他相关任务。

(4)归口管理部门的主要职能

①负责汇总审核其归口管理业务事项的预算基础资料、相关业务部门提交的预算建议数和细化调整数。

②负责归口审核相关业务部门提交的预算执行申请和预算追加调整申请。

③对归口管理业务事项的预算执行情况进行跟踪和分析。

④开展其他相关工作。

2. 设置预算业务管理岗位，提高工作人员专业素质

在构建和完善预算业务管理机构的基础上，高校应根据《教育部直属高等学校内部控制指南(试行)》的规定来设立预算业务岗位。这些岗位在预算管理过程中的职责、分工和权限需要进一步明确，同时也要明确其任职条件和工作标准。务必做到根据具体情况来设定职位、根据职位来选择合适的人选，并避免因人而设立或设置职位。遵循德才兼备、以德为先和公开、公平、公正的原则，通过公开招聘和竞争上岗等多种方式来选拔那些具备关键岗位资格和能力的优秀人才，以确保预算编制与预算审批、预算审批与预算执行、预算执行与分析评价等不相容的岗位能够相互独立。

(三)理顺各部门参与预算的工作机制，健全预算管理协调机制

高校应当确立并完善预算和决算的管理体系以及操作流程，明确各个相关部门的职责和权限、授权审批流程以及工作协同机制，并制定与优化预算和决算管理的各种规章和制度。在预算控制过程中，我们采用了“以预算为核心、资金管理为中心”的业务流程协同策略，充分利用财务、政府采购、基础设施建设、资产管理、科研和合同

管理等与经济活动紧密相关的部门或职位，确保预算业务在分权的前提下能够高效且充分地运作。

高校应当最大限度地利用内部审计和纪检监察部门的能力，通过对内部控制的评估和审计监督，及时识别和解决在建立和执行内部控制过程中存在的问题和弱点，并对其进行及时的优化，以确保预算业务控制体系能够有效地运作。

（四）完善预算标准体系

预算支出的标准体系构成了一个各种预算支出定额标准相互关联、相互补足的有机体系。推动预算支出标准体系的建立，对于进一步深化预算管理体制的改革和提升财政资金的使用效率都是至关重要的。构建预算支出的标准体系是为了满足预算分配的公平和公正的实际需求，它是确保预算透明和公开的关键手段，同时也是提升财政资金使用效果的核心策略。

在同级财政部门和上级主管部门的指导下，高校应按照统一的规划和合理的分类（对高校的预算支出对应的具体用途进行梳理归纳后，可以将一级支出标准划分为资产购建类、劳务成本类、物资消耗类、工资福利类、维修修缮类五大类）、确定标准、增加物价指数等步骤，建立和完善预算支出标准体系。一旦预算支出标准体系建立完毕，其真正的效用将取决于一个高效的预算支出标准体系的运作机制。预算支出标准体系的运作机制涵盖了预算支出标准的进一步完善、公开执行以及动态的调整。

（五）宣贯国家预算法律法规，完善学校预算管理制度体系

预算制度不仅是国家和各部门财政管理架构的关键元素，也构成了财政管理体系的基础。其主要内容涵盖了预算管理权限的明确划分、预算的编制过程、预算信息的公开透明以及预算的监督机制等多个方面。从经济和技术的角度来看，预算实际上是一个收支比较的计划表；从政治的视角来看，这是一个通过法律程序建立的，旨在对各部门的财务活动进行约束和监控的政治法律体系，它也是国家管理的核心工具。高校作为我国的事业单位，是公共部门的一部分，因此有必要建立现代化的预算制度，并使其成为现代大学管理体系的核心部分。

高校应当加大对国家预算相关法律法规和部门规定的宣传和实施力度，确保全体教职员工对预算的规定有充分的了解。同时，预算制度的建设应更深入地融入依法治校的理念中，遵循“依法理财、重点突出、绩效优先、分步实施”的原则，构建一个动态调整、制度规范、执行力度强、监督到位的现代化预算管理体系。这样可以确保现代学校预算管理制度在实际操作中得到落实和发展，从而不断提升预算管理的绩效，为学校的教育和教学发展提供坚实的保障。

(六)深入推进预算公开

公开高校的部门预算和"三公"经费将有助于增加办学资金使用的透明度,推动高校加强部门预算管理,获得社会对高校办学的理解和支持,从而提升高校的社会形象,这也是推动高校管理体制改革的必经之路。

在高校的预算公开过程中,机制和动力构成了最关键的议题。现阶段,我国的高校在预算公开方面实施了一种自顶向下的"强制公开"策略,尽管政府正在积极推动和满足公众的期待,但多数高校仍然持消极的观望态度。为了将"强制公开"转化为主动的"自愿公开",并将政府的外部驱动力内化,我们需要一个恰当的制度设计和安排。换句话说,只有在有了适当的机制支持下,预算的公开才能真正发挥其作用。因此,在现阶段,有必要构建一个以利益为核心,涵盖奖励与惩罚绩效评估的管理体系。与此同时,预算的公开必须与会计的法律和制度保持一致,并在与财务会计的法律和制度保持一致的前提下,确定预算公开的明确标准。

高校有可能研究并制定预算公开的管理策略,以便更具体地规范和限制学校在预算公开方面的行为。与此同时,高校需确保财务信息得到妥善的处理和加工。随着高校预算透明度的不断提高和规范化,需要公开的信息和事宜也将逐步增多,这意味着高校在未来可能会遇到更多的公开申请业务。因此,高校或许可以考虑创建一个与财务部门相关联的部门,或者单独成立一个负责预算公开的工作部门,并由专门的人员来管理预算公开相关的事务。

公开高校预算的核心目标是解决各利益相关方之间的利益矛盾,旨在调和各方的利益,确保政府的信誉和高校的公众形象。在全球化的大背景之下,构建现代化的高等教育治理体系已经成为国家公共治理的一部分。以高校为核心的财务信息公开,对于政府而言,有助于预防腐败行为并减少高校可能面临的债务风险;对于大众而言,通过对"合约失灵"的监控可以有效地预防和控制教育的成本;对于高校而言,这有助于构建和完善现代化的高校管理体系,从而提升其公共表现。

二、预算编制控制

(一)必须遵循政府关于高校预算管理的政策和法规

高校的预算反映着整个高校的政策,它规定了高校活动的范围和方向。预算编制是高校实施预算管理的起点,也是预算管理的关键环节。为了避免高校预算风险及由此而引起的一切风险,高校预算编制必须严格执行相关的政策和法规。

首先,财政方面关于高校预算管理的政策和法规。特别是部门预算制度、国库集中收付制度、政府采购制度等。如果预算编制得不好，不仅该要的钱要不到，而且该花的钱因为未列入部门预算，政府采购通不过，国库集中支付付不出去，这都会带来财务风险。

其次，教育方面关于高校预算管理的政策和法规。几乎所有关于教育方面的政策和法规都会提到教育经费。

（二）在遵循《高等学校财务制度》"量入为出、收支平衡"的前提下，明确不同类型的预算编制原则和方法

高校在编制部门预算时，还需遵循财政部关于部门预算的一系列规定和编制方法，并在财政统一的部门预算软件系统中进行填报。在部门预算中，对于收入、支出以及政府的采购等方面的预算，采用了各种不同的编制方式。在制定预算的过程中，我们应当遵循经济活动的基本规律，并深入考虑与单位的经济业务特性、基本数据、管理能力、公共服务的周期以及管理需求相匹配的原则。

在高校中，校内预算的编制应由学校的管理团队自主决策，并应在法律和法规的指导下进行。在制定本单位本年度的运营目标时，应综合考虑本单位的责任、目标、使命和愿景等多方面的战略规划，并以这些目标为导向来规划预算编制工作。在编制单位内部预算时，应选择或综合运用固定预算、弹性预算和滚动预算等多种方法，以确保预算编制工作的科学性和合理性。

（三）归集预算编制依据，夯实预算编制基础

高校应该根据单位级别明确预算编制依据，夯实预算编制基础。具体如下。

1. 各级政府

（1）年度经济社会发展目标、国家宏观调控总体要求。

（2）上级政府对编制年度预算草案的要求。

（3）中期财政规划、有关的财政经济政策以及跨年度预算平衡的需要。

（4）本级政府的预算管理职权和财政管理体制确定的预算收入范围和支出责任。

（5）上一年度预算收入情况、对本年度经济形势的预测、收入政策调整以及上级政府提前下达的转移支付预计数等。

（6）最近年度决算和有关绩效评价结果、上一年度支出预算执行情况和本年度支出政策调整等。

2. 各部门、各单位

（1）本级政府的要求以及本级政府财政部门的部署。

（2）本部门、本单位的法定职责、工作任务、事业发展计划、中期项目规划。

(3)本级政府财政部门依照财政部规定制定的预算支出标准、资产配置标准。

(4)本部门、本单位最近年度决算和有关绩效评价结果、上一年度预算执行情况、结转和结余资金情况以及本年度预算收支变化因素。

(5)编制预算涉及人员情况、存量资产情况。

在上面提到的预算支出标准中,我们指的是对预算项目进行合理的分类,并为每个项目设定特定的支出上限,这主要涵盖了基础支出标准和具体项目的支出标准。各级地方政府的财政部门应依据财政部设定的预算支出准则,并结合该地区的经济和社会发展状况、财务能力以及实际工作需求,来制定相应地区或本级的预算支出标准。绩效目标描述的是预算资金在规定的时间范围内预期的产出与成果。绩效目标应该是明确的、详细的、量化的、合理的、可行的,并且与预算资金相匹配,这是预算编制的重要内容和依据。在编制预算草案的过程中,各个部门和单位应依据现有资产的状况,按照资产配置的标准和其他相关要求,制定新的资产配置方案,并提交给相应级别的政府财政部门进行审核。

(四)应摸清资产存量、学生人数、教职工人数等预算基础数据

在高校中,预算管理与资产管理构成了增量管理与存量管理之间的相互关联。预算管理已经从单一的价值形态管理扩展到了价值形态与实物形态的综合管理,这进一步深化了预算管理活动的内涵。它构建了一个预算管理与资产管理相互推动、相互制衡的高效结合方式,旨在通过存量来限制增量,并通过增量来调整存量,实现动态管理的目标。高校的资产存量指的是现有和正在使用的资产。高校应当通过资产清查和资产核查等多种手段,全面了解自己单位的财务状况(即资产存量)。了解资产存量的关键在于固定资产;它旨在增强固定资产的使用效益。受限制的资产必须得到妥善处理,不能因新增预算而进行重复购买或建设;那些使用频率较低的可以选择租赁或借用,但不应纳入预算的购买和建设中;在大学城内,可以共享的资源,例如图书、仪器和公共设施等,是可以互相利用的;那些具备维修和租赁能力的,也可以选择暂时不进行购买或建设;对于真正短缺的情况,应基于可行性研究将其纳入预算购买和建设中。

同样的道理,学生人数、教职工人数也是高校编制预算的基础数据,直接关系到财政部门对高校核拨预算控制数的金额大小,高校必须在编制预算前,做到对其了如指掌,如实在"一上"预算阶段编入部门预算。

(五)清晰界定预算编制的内容、框架和边界

高校在预算编制过程中,应该按照预算类型,明确收支分类,根据相关规定清晰

界定预算编制的内容、框架和边界，做到内容完备，合法合规，各司其职。

1. 部门预算

高校编制部门预算，内容应包含："一上"阶段的预算编制基础数据表（高校学生信息、离退休人员情况、附属中小学人员信息、基本支出中人员经费和公用经费的分配比例）、基础信息数据库（人员编制、实有人数、离退休人数、机构设置）、项目支出预算（"六大专项"项目库、项目支出数）、存量资产统计、新增资产配置预算、政府采购预算等；"二上"阶段的收入预算、基本支出预算、项目支出预算、政府采购预算、新增资产配置预算、"三公"经费和会议费支出预算、项目信息库、项目绩效目标、住房改革支出预算等。

高校编制部门预算是综合预算，应包含高校的全部收支情况。边界在于：只能按照同级财政部门下达的财政拨款控制数填列部门预算中的财政补助收入，不能填入预计追加的财政拨款；基本支出只能精确到经济分类的项级科目，无法与日常运行任务和事项相关联、相结合等等。

2. 校内预算

高校编制校内预算，内容应包含：全口径的收入预算（按科目分或按事项分）、全口径的支出预算（按科目分或按事项分）、政府采购预算、新增资产配置预算、校内财力建设项目的任务书、归口管理经费的汇总支出预算专用基金的提取和使用预算、校内二级单位的分单位预算/学院预算等。

（六）规范学校预算编报程序和要求

高校应按照"两上两下、上下结合、分级编制、归口审核"的要求规范高校预算编制程序，明确预算编制要求。一般来说，高校预算可按照以下程序编制。

（1）高校财务部门根据同级财政部门下达的预算编制规定和要求，制定本校预算编制时间安排和要求，对高校校内各单位预算编制人员进行预算编制培训，准备预算编制模板，部署"一上"预算编制工作。

（2）高校校内各单位按照预算编制规则和要求，依据自身职能履行和工作计划需要，并结合上期预算执行情况编制本机构收入、支出预算，使其与实际工作相对应。

（3）高校财务部门按照部门预算规定的数据要求，编制"一上"部门预算（"一上"部门预算不含收入预算、不含基本支出预算，只有基础数据、资产存量数据、项目支出申报预算、新增资产配置计划等）预算建议数，提交高校决策层领导审批。

（4）高校决策层领导班子对预算建议数进行审批，内部审批通过后由高校财务部门在上级主管部门规定的时间内上报。

(5)高校财务部门接收同级财政部门/上级主管部门下达的预算控制数，汇总“一上”校内预算的收、支总额，形成校级层面的“一上”校内预算综合稿，提交高校决策层领导审批。

(6)高校决策层领导班子对“一上”校内预算综合稿建议数进行审批，确定下年度预算“大盘”，内部审批通过后由高校财务部门进行预算指标的分解细化，明确校内各单位、各校内项目的具体预算额度，在校内下达“一下”预算控制数，布置启动“二上”校内预算的编制工作。

高校应按照基本支出预算编制实行定员定额管理，项目支出预算实行项目库管理，项目支出预算滚动管理，细化基本支出和项目支出预算编制要求，切实做好项目考察论证、筛选和最终确定，按照轻重缓急将有限的资金优先安排到最急需的项目，把预算编细、编实、编准。

(7)归口管理部门对高校校内各单位提出的“三公”预算、采购预算、资产预算、信息预算和工程修缮预算等支出需求，进行汇总初审并在内部平衡实际需要，同类事项统一标准，政策流程统一把关，避免多头重复申报。

(8)高校财务部门依据高校决策层审批通过的“一上”校内预算综合稿，和归口管理部门提供的采购预算、资产预算、“三公”预算等内容，编制“二上”部门预算，提交高校决策层领导审批。

(9)高校决策层领导班子对“一上”校内预算综合稿建议数进行审批，内部审批通过后由高校财务部门在上级主管部门规定的时间内上报。

(10)高校财务部门接收上级主管部门的“二下”预算批复，并在规定时间内公开部门预算。

(11)高校财务部门汇总校内各单位和归口管理部门初步审核汇总后的“二上”校内预算细化表，结合上级主管部门的“二下”预算批复的约束，综合平衡后形成综合校内预算终稿，提交高校决策层领导审批。

(12)高校决策层领导班子对校内预算终稿建议数进行审批，内部审批通过后由高校财务部门印刷校内预算正本，并下达校内各单位和归口管理部门，布置启动预算执行计划的编制工作。

(13)校内各预算单位编制预算执行计划，提交归口管理部门审核汇总后，报财务部门备案，随即进入预算执行。

(七)合理设计预算目标及绩效指标体系

各个单位在设计预算指标体系时，应遵循“以财务指标为核心，非财务指标为辅助”的原则。根据单位的职能发展计划和年度工作目标任务，预算目标应被明确设定。所有单位的经济活动的各个环节和各个方面都应纳入预算指标体系，并确保与绩效评价指标保持一致。同时，根据责任主体在工作性质、权责范围和业务活动特点等方面的差异，应设计具有不同侧重点的预算指标体系。

在制定部门预算的过程中，高校应严格遵循《中央部门预算绩效目标管理办法》的相关规定，为财政专项项目的支出建立明确的绩效目标体系，并与部门预算一同提交，以获得同级财政部门的正式批准。

(八)防止不良政治性的表现进入预算

在高校中，存在一些不良的政治行为，例如争夺预算权力、预算过程中的政治倾向、预算过程中的政治权术、前任的政治否定行为，以及在申请特别拨款时的政治行为等。在高校里，那些具有预算制定、审批、执行和监督权限的官员往往与某些利益密切相关。这些官员大致可以分为两大类：一类是“圈子内”的成员，他们的利益非常紧密，并在预算制定中有所偏好；第二点是权利的交换，那些掌握预算、招生、教育、科研以及后勤管理的人员与那些拥有这些权力的人进行了权力的互换。在高校的预算中，不良的政治行为可能会忽视预算的真正目的，从而失去资源分配的公正性，导致资金和权力的交易。在制定预算的过程中需要特别关注这一点，同时在预算的审核、实施和监控等各个环节也应给予足够的重视。如果不这样做，预算可能会面临风险。

三、预算细化的控制

(一)在部门预算控制数和批复数的约束下综合平衡校内预算并进行细化调整

作为公益事业单位的高校，在编制部门预算时，不仅需要遵循上级管理部门的指导，还应根据相关法律和法规进行预算的详细划分。考虑到学校的战略发展计划和业务需求，高校应在部门预算控制和批复数的限制下，综合考虑更广泛的校内预算范围和口径，并进行多角度的详细规划，以确保部门预算的有效执行、预算与任务的细致分解，以及充分的考核和评价依据。

(二)部门预算中的各类收入、基本支出和项目支出等额度应以相同数额完整体现在校内预算中

部门预算与校内预算之间存在一种被纳入和包含的相互关系，其中校内预算所覆盖的范围明显超过了部门预算。由于编制口径和表格的制约，部门预算不能包括预期年度中获得的额外拨款收入，而学校预算则没有这样的限制，因此学校预算的覆

盖范围应该比部门预算更广泛。然而，根据国家的预算管理方针，部门的预算是一个经过人民代表大会认可的法律文件，所有在部门预算中列出的收入和支出都应在每年的周期内得到执行。因此，对于高校来说，所有在部门预算中明确列出的财政补助、教育、科研、经营和其他收入，以及基础支出、项目开支、政府采购和“三公”经费支出等各个子类目的预算，都应当严格地纳入和限制校内预算所对应的资金范畴。简而言之，部门预算中的每一个子项预算都应该在学校的预算中明确表示，不能有任何修改或超越。

（三）明确高校预算细化的目标

预算支出在各个级别都应根据功能和经济的分类进行编制。功能分类可以展示支出的方向，例如教育还是科技的支出，而经济性质分类则可以展示支出的用途，例如工资支出或购买商品或服务的支出。只有将这两者结合起来，我们才能全面而完整地了解单位的支出情况，从而方便进行审查和监督。作为需要提交给人大进行审查和批准的预算提案，一般的公共预算支出应根据其功能和经济性质进行分类，而基本支出则应按款项进行编列；政府性基金的预算、国有资本的经营预算以及社会保险基金的预算，都应根据其各自的功能进行分类并列入相应项目中。

在高校进行预算精细化的过程中，除了需要完成预算法所规定的法定职责外，还需致力于实现学校的长期战略和计划目标。因此，高校需要在以下三个关键领域进行预算的详细规划。

(1)将预算制度、责任、指标、费用、定额等进行细化，分解到校内各二级单位和个人。制度的细化可以保证企业各项管理活动有章可循；责任的细化可以提高工作效率，防止扯皮；费用的细化有利于进行成本分析，寻求降低成本的途径；指标和定额的细化有助于预算执行结果的考核和对员工的激励。

(2)进一步细化专项经费预算，做到分块预算，调动校内归口管理部门参与预算编制，最大限度避免多头投入、重复投入。

关于学科建设、平台建设、团队建设、基础设施建设、设备采购、后勤维护改造以及基础科研业务费等专项经费的预算，主管部门需与相关部门合作，经过深入的讨论和论证，提出更为详细的预算方案，并在经过审计和逐级批准后开始执行。详细的计划必须确保学校每年的重点项目得到实施，同时也要考虑到最基本的建设需求。详细的计划必须涵盖所有项目，项目的预算需要明确其用途，并且使用的资金必须有明确的依据。

(3)预算细化应体现任务驱动原则。以打造高质量大学为核心的办学理念，结合每年的工作目标，对经费的投入进行了详细的预算规划。确实实现了财务与事务的紧密结合，同时也将任务、目标和考核紧密结合在一起；我们需要构建一个与事权相匹配的财权机制、与工作任务相匹配的资金配置、预算与任务的结合以及预算执行与任务完成之间的考核机制；按照“钱随事走”的原则行事，确保“粒度”的一致性，充分展现学校每年的工作目标和任务，确保绩效目标的明确性；为了加强对预算执行效率和资金使用效益的评估，各相关单位需要致力于提升工作效率、预算执行效率以及资金使用效益，以确保当年的预算能够准确执行，并按照预定的目标任务按质按量完成。

四、接收预算批复并实施预算公开的控制

（一）部门预算批复应及时编入校内预算，并生成校内预算批复

将上级主管部门的“二下”预算批复数和校内二级单位“二上”校内预算细化表，编成校内预算综合稿；结合学校年度目标和工作计划等因素，相应处理并分解后，生成校内预算批复，下达给各个校内二级单位，启动预算执行计划的编制工作。

（二）规范预算公开的程序和要求

预算具有以下四点特征：一是强调进行预算公开机构的责任和义务，以及违反规定所带来的严重后果，增强了预算公开的严肃性；二是规定了有关预算公开和透明的具体细化要求，包括预算公开的主体、公开范围、公开的方式、公开的标准、公开的时限、内容的详细程度、项目的细化程度，体现了预算的全面性与完整性；三是规定了信息公开的时间，保证财政信息公开的时效性；四是对人大审查监督预算的程序、内容和方式等作出明确规定，保证了人大行使预算审查监督职权的有效性。

高校应完善预决算公开制度，进一步规范公开内容，严格公开审批，实现预决算信息公开的制度化、常态化、规范化。

一是应及时出台《信息公开管理办法》和《信息公开工作指南》，明确规定公开的工作流程。在预算公开方面，流程一般是由财务部门填报表格，编写说明，上报分管财务的单位领导审核，由保密部门对公开的项目进行审查，合理确定公开的范围，保证涉密项目不予公开。最后由单位负责人审批后再对外公开。

二是从公众的需求出发，合理确定项目的细化程度，兼顾公开的效率和效果，满足外部监督的需要。

三是使用规范、准确的语言来表达预算信息，明确数据间的勾稽关系，保证年度数据前后一致。

四是对专业性较强的词汇进行解释，让公开的信息通俗易懂。

五是加强单位内部各部门间的协调与沟通，保证各渠道对外报出数据的口径一致。

六是强化公开的责任制度，规定各内设部门在公开工作中的责任，制定相应的考核办法，加强考核，落实责任。

（三）合理选用预算公开的媒介

预算公开既应该有被动公开，也应该有主动公开。在具体的公开方式上，高校可选择在公开主体官方网站的显著位置或信息公开专门栏目，以能引起公众关心的形式进行公开。预算公开应当以公众易于获知、易于理解为基本取向，因而可以在具体的形式上大胆创新。

一是加强本单位门户网站的建设，将其作为部门预算公开的重要渠道，为预算公开提供稳定的信息平台。

二是预算信息应公开在网站信息公开栏目中，并长期保持公布状态，使公开工作常态化。

三是顺应时代的发展，考虑使用与公众沟通的新渠道，如微信公众号、微博的机构团体认证号等。

四是加强与公众的互动，通过各个平台实现与公众双向、实时的交流沟通，解释说明。

（四）严格执行预算公开的时间要求

预算、预算调整、决算和预算执行情况的报告及其报表，应当在各级人大及其常委会批准后 20 日内向社会公开。

各部门预算、决算及报表，应当在各级政府财政部门批复后 20 日内向社会公开。

（五）明晰预算公开的内容

所公开的内容覆盖面很广，不仅包括相关的预算表格和文件，财政部门还要就本级政府财政转移支付安排、执行的情况以及举借债务的情况作出说明，各部门要就机关运行经费的安排、使用情况作出说明。这是为了回应社会的关切，高校也应做好准备，在主管部门要求的情况下，预算公开的同时应当一并进行文字说明。

（六）做好部门预算公开前后的舆情应对工作，建立回应机制

高校在公开前，一是应对拟公开信息的合法性、合理性进行审核，在编写预算公开信息时进行恰当说明。二是从公众的角度分析拟公开的信息，对可能有疑问的地方进行集体讨论，提前做好应对预案，做好答复的准备。在公开后，要及时了解舆情

动向，对提出的质疑和进一步公开的申请应妥善做好解释工作。

五、预算下达控制

(一)科学安排预算下达的时间

预算管理体系作为一种经过验证的高效内部控制手段，成功地整合了单位的业务流程和信息流动，这对于单位的战略目标规划、日常活动控制、风险分散以及资源配置的优化都具有深远的影响。预算管理通过预算手段，对高校内部的各个部门和单位的财务和非财务资源进行了有效的分配、评估和控制，以确保学校的整体运营和产出活动得到有效的组织和协调，从而实现预定的高等教育目标。因此，为了更快地推进工作进程并加速预算的实施，高校应该尽早向其内部的各个部门和单位下达预算。然而，由于受到各级人大审核时间的限制，高校在得到上级部门的预算批准后，应迅速根据校内预算的具体情况，对校内各个单位进行详细的预算分配和下达。

(二)预算下达时应明确规定预算实施意见和要求

高校的预算管理、部门预算和校内预算的执行、预算的绩效评价等都有自己的一套规则，在年度预算正式颁布之初，应该要把规则订在前面，并且在预算下达时一并下发，作为执行本次预算必须遵守的规则，同时也给期末预算的考核评价提供了框架。

(三)合理运用预算指标分解的原则和方法

预算指标的分解是根据高校内部各个部门和单位的业务工作计划来进行预算资金的资源分配。这不仅涉及为高校业务工作计划提供资金支持，还包括将预算审批落实到具体的业务部门，以实现高校内部财务和职责的科学匹配。同时，也需要对业务工作计划的资金规模、标准和具体的支出方向进行明确的限制。在进行指标的分解和实施时，应当严格遵守定量化、全局性和可控性的基本原则。预算指标的拆分需要是清晰和具体的，以便于实施和评估；对预算指标进行细分应当有助于实现高校的整体目标；为责任部门和责任人设定的预算目标应通过他们的努力来实现，但责任部门或责任人应在其职权范围内，对这些预算目标承担责任。

当高校的财务部门收到上级管理部门的年度预算批准后，他们应在其年度预算总额的控制范围内，综合考虑自己的资金和结余资金，创建一个校内预算的综合版本。按照科学的原则，他们需要将内部预算的各个指标进行细致的分解和细化，确保从横向、纵向和时间三个维度都能在高校的各个二级单位、业务环节和岗位上得到落实，从而构建一个全面的预算指标体系。其中，横向分解是预算指标构成元素的进一步细化，它涉及将预算指标拆分为多个相互关联的元素，以识别并控制影响预算目标的核心因素；纵向分解是指将预算的各个指标逐级分配到最后的职位和个人，并明确各个责任部门和责任人；时间分解是指把年度预算目标细分为季度和月度预算，并通过分阶段的预算管理来达成年度预算的预定目标。

（四）预算下达应与预算执行关联

预算的下达并不是目的，预算下达是为了预算的执行得以开展。为了能够顺利地实现预算执行的一系列目标，应在源头和起点处就对预算执行做好计划和安排，因此预算下达时，应同时布置启动预算执行计划的编制工作，同时确定预算执行监控和过程管理的方式和方法。这样预算在下达后，可以有效杜绝"整年不用预算，年底突击花钱"的不良现象，实现预算下达与预算执行的良性过渡和有规律运转。

六、预算调整和接收预算追加的控制

（一）明确预算调整发起的条件

各单位在制定预算管理制度时，必须明确预算追加调整的相关因素和条件。如果单位的各个部门遇到实际的特殊问题或国家的相关政策法规发生了重大变化，导致预算执行出现重大差异，确实需要调整预算时，必须遵循严格的审批程序。

在执行预算的过程中，各个层级的政府通常不会出台任何增加财政收入或支出的新政策或措施，也不会制定任何旨在减少财政收入的政策或措施；当需要对预算进行调整时，应制订相应的预算调整计划，并在该计划中明确说明预算调整的原因、涉及的项目以及具体金额。在遭遇自然灾害或其他突发状况时，如果需要及时增加预算支出，那么应首先动用预备资金；如果预备金不能满足支出需求，各级政府有权先行进行支出安排，并将其纳入预算调整计划中。另外，当地方各级政府因为上级政府增加了不需要本级政府提供配套资金的专项转移支付而导致预算支出发生变化时，这种情况并不被视为预算调整。

（二）科学确立预算调整的原则

单位预算调整首先要严格依照国家宪法、预算法的精神和要求进行，符合单位职能目标和年度工作规划；其次对于预算调整要进行严格限制，非特定原因不能进行预算调整；最后对于必要的预算调整应进行必要的审查，对预算调整实现的经济和社会效益的情况进行评估。

（三）规范预算调整的程序

单位预算调整应当由各预算业务管理执行部门提出书面申请，阐述部门预算执行的具体情况，客观因素变化情况及其对预算执行造成的影响程度，并提出相应的预算调整的具体申请项目和金额，执行预算调整的审批权限，由预算业务管理工作机构、预算业务管理决策机构逐级审批。

(四)做好上级部门预算追加的台账登记

高校应在备查账簿中逐笔登记上级部门的预算追加信息，一来可以完善预算控制过程资料，二来可以有效帮助预算执行监控，提高年终决算的财政对账效率。

(五)及时联系追加预算的经费负责人下拨追加的预算

在高校的预算执行过程中，经常会遇到上级部门发布的项目支出追加预算文件中没有明确项目的承办人或经费执行人的情况。因此，高校的财务部门需要通过多种途径和方法来寻找负责这一项目经费的执行负责人，然后才能进行经费的上账操作，以确保项目经费能够按照预算进行。如果寻找预算的过程耗时过长，这将不可避免地影响预算的执行进度和预算执行率的考核。因此，高校应该建立一个能够适应上级追加预算后，及时确定经费负责人并加速预算执行的机制，以提高预算管理的水平和效率。

(六)按追加属性(基本支出或项目支出)分类管理追加预算，分类设置绩效目标

高级管理部门为高校提供的额外预算拨款分为两大类：一是基础支出拨款，二是针对特定项目的支出拨款。由于其性质的差异，这两种追加拨款的处理方法和管理策略也有所不同。当高校需要为基本支出增加预算时，财务部门应及时向学校的管理层提交决策，并由学校统一管理和使用这些额外的资金。对于需要追加预算的项目支出，财务部门有责任仔细分析追加预算的拨款文件，并及时进行筛选。如果这些项目是可以由学校进行统筹管理的专项项目，那么它们应该提交给学校管理层进行最终决策，由学校来统筹分配和使用这些额外的资金；对于代表指派给教职工个人或由校内二级单位负责的特定项目，财务部门有责任及时与指定的经费负责人取得联系，以确保项目预算和预算执行计划的落实，并通过有效的监控来加速预算的执行进度。高校在为基本支出和项目支出追加资金时，应根据各自的经费特性，实事求是地制定科学的绩效目标体系，并进行绩效预算的管理。

七、预算执行控制

行政事业单位内部控制应该注意以下几方面。

(一)严格预算执行申请控制

1.明确提出执行申请的标准

预算业务管理执行部门必须在明确的预算指标下提出执行申请，凡预算批复时确定为“一事一议”方式的，在未经过指标申请和审批前，不能提出执行申请。执行申请受预算指标当前可用额度控制，不能超可用额度提出申请。执行申请时，必须将指标、支出事项和执行申请一一对应，必须符合指标批复时的业务范围以及经费支出管理办法和细则的相关规定。

2.合理安排预算执行申请的审批

在提交执行申请之后，首先由业务执行部门的负责人进行批示，然后由单位设立的预算归口部门提交给归口部门进行最终的归口审核。在进行归口审核的过程中，根据经费支出管理办法的审批权限规定，各种不同类型的费用将由相应的归口部门进行审核。审核完成后，预算业务管理工作机构将进行进一步的审核。一旦执行申请经过工作机构的审核，便会按照规定的审批权限进行最终审批。各单位还应依据其业务部门的具体状况，依据不同业务类别来设定多级预算指标的审批申请权限。针对业务所涉及的资金、性质和种类，我们设定了各种不同的审批流程。

3.明确预算执行的方式

预算的实施通常有三种途径：直接执行、提交执行申请以及政府的采购执行。业务部门在选择预算执行方式时，应依据经费支出的具体分类，而财务部门则应提供相应的指导和审核服务。对于那些在预算内部审批下达阶段就已经明确了预算目标、支出标准和支出方向的业务，例如支付物业费、水电费等，直接执行的审批程序相对简化。因此，相关的业务部门应该严格按照预算目标、支出标准和支出方向进行操作；对于那些支出总额清晰但具体内容需要随着工作进展才能进一步明确的业务事项，例如课题研究和专项经费等，执行申请是适用的。对于这类事项，通常会采用“一事一议”的方式，在总额度内提出预算指标申请和预算执行申请，经过审核和审批后，才能处理相关的业务事项和支付款项；政府采购执行指的是根据政府采购的相关政策、预算和计划，进行政府业务的采购活动。

(二)关注时间节点，加快预算执行进度

高校应当密切关注其上级管理部门在预算评估方面的时间节点，并通过多样化的策略和有效手段，持续地促进预算的有效执行。高校的预算业务管理部门(财务部门)应对预算执行不力的校内部门和单位，通过通报、调研或约谈等方式，提出加速预算执行的建议，促使相关部门或单位找出原因并改进工作。高校的预算业务管理部

门(即财务部门)需要进一步完善财政专项项目的支出进度月度报告机制。对于排名较低的校内部门和单位,应及时通报其支出进度,并抄报给分管的学校领导。被通报的部门则需要编写详细的情况说明并提交给学校预算业务管理机构。

(三)加强信息化建设,实施预算执行动态监控

高校应当对预算的执行过程进行严格的监督,持续掌握预算执行的真实状况,并及时向有关部门提供反馈,确保预算执行不会过快或过慢,并能够及时识别并纠正存在的问题。借助现代的信息技术手段,我们可以构建一个信息系统,以实现对预算执行的实时监控;此外,该系统还能在线上传并妥善保存在预算执行过程中生成的所有文档和资料。学校的预算业务管理部门应当与集中管理的部门合作,对单位的预算执行状况进行定期或不定期的审查,并及时分享与预算执行相关的信息,以便发现并解决预算执行过程中可能出现的问题。执行过程管理是围绕预算绩效目标来进行的。

(四)建立预算执行分析机制

高校有责任建立和完善预算执行情况的分析机制,例如定期组织预算执行分析会议,深入研究和分析预算执行过程中可能出现的问题,并对财政拨款规模较大的重点单位和项目进行重点分析,同时加强对校内二级单位和附属中小学的指导工作。财务部门有责任及时了解预算执行的最新动态,并对预算执行过程中出现的各种问题进行深入的分析。特别是需要加强对预算收支、国库存款、结转结余、暂付暂存款以及财政专户资金等方面的细致分析。同时,也需要研究和实施实用的操作管理措施,并根据学校各部门和单位的预算执行和排名状况,提出具体的工作目标和改进方案。

为了确保预算分析的结果是客观、公正和准确的,高校应该对预算分析的流程和方法进行规范,选择那些对学校目标实现有重大影响的预算项目。根据不同的情况,采用定量分析和定性分析相结合的方法,充分反映预算执行单位的现状、发展趋势和潜力,分析预算执行中存在的问题及其产生的原因,落实预算责任,并及时提出改进措施和建议以纠正偏差。预算分析的流程通常涵盖了确定分析目标、搜集相关资料、识别存在的差异和分析其背后的原因、制定相应的措施以及进行反馈报告等多个步骤。

(五)健全预算执行情况反馈与报告机制

为了深入了解预算执行的最新趋势和成果,各单位必须构建完善的预算执行反馈和报告机制,确保预算执行的信息能够及时、流畅且高效地传递。预算归口管理机

构有责任加强与各预算执行单位之间的沟通，利用财务信息和其他相关资料来监控预算的执行情况，并采取适当的方式及时向单位领导、预算最高决策机构、本级财务部门和归口管理的各预算执行单位报告、反馈预算执行进度、执行差异及其对预算目标的影响。

高校可以通过定期组织预算常规会议、定期提交预算差异分析报告或预算反馈报告等主要方式来反馈预算的执行情况。预算信息的反馈和报告应当简明扼要，强调信息的真实性、时效性、系统性以及实用性。针对预算执行过程中出现的各种问题，学校的各个预算集中管理机构应当在其报告中提出针对性的改进方案和建议，并在得到单位领导的批准后，与学校的财务部门和负责预算执行的单位进行协调，以确保年度预算目标能够全面达成。

(六)建立健全预算支出考核机制

高校需要构建和完善预算支出的考核机制，并明确相关的考核标准。无论是校内的同一部门还是同一学院，通过不同的预算分配的费用，都应被纳入执行进度的考核之中。如果校内的二级单位在当年的预算执行进度低于平均水平，并且没有合理的理由，那么在接下来的一年里，该单位的项目经费将会被削减；由于项目执行计划的调整，不再需要额外的预算资金支出；在预算得到批准后，若连续两年的预算资金未被完全使用，那么这些资金将被视为项目支出的结余资金，并原则上由财政部进行回收。高校需要构建一个将预算执行与预算编制紧密联系的制度，并对校内各个单位的预算执行进度进行全面考核。此外，还需要建立一个以减少现有资金和提高资金使用效率为核心目标的预算执行考核评价体系。对于那些支出进度相对较慢、存量资金较大的部门或地区，在安排下一年的预算和分配转移支付资金时，也应适当地进行资金削减。

(七)建立预算执行情况动态预警机制

高校应当结合自身特点，根据预算执行过程中记录的数据资料，科学选择预警指标，合理确定预警范围及标准，通过观察指标变化及时发出预警信号，预算管理机构、归口管理部门和预算执行机构应根据指标数据对业务活动进行预测和诊断，积极采取应对策略，避免潜在的风险和问题，起到防患于未然的作用。

八、决算控制

高校应从以下几个方面做好决算编制工作控制。

(一)完善决算工作机制和协调管理机制

决算工作可以视为预算管理的进一步发展，它是一个综合性的项目，不只是财务部门的职责，还需要学校内部多个部门的共同参与。通过合适的激励措施，我们可以确立加强预算管理的观念，并尽可能地激发学校各部门的参与热情。高校应当完善其决算管理体系，并确保决算流程的规范性。

高校应当建立专门的决算管理组织结构，并设立专门的决算业务管理职位，以明确各项决算职责的具体分工。从高校的决算工作内容来看，决算工作主要包括财务部门(负责生成财务数据)、学生管理部门(提供各种类型的学生数据)、教学管理部门(提供学校的专业数据、学制、培养方案等信息)、人力资源部门(提供各类职工人数和变动信息)、离退休管理部门(提供退休人员和离休人员人数及其变动信息)、实物资产管理部门(提供资产存量数据和变动信息)、后勤管理部门(提供房产存量数据、房屋面积、房屋产权信息、房屋价值信息、危房存量数据和变动信息等情况)、基建部门(提供校区面积、已确权面积等信息)、招标采购部门(提供年度各类政府采购数据和变动情况)、绩效评价部门(提供学校一年来整体绩效的实现情况)、学校校办(提供全校各二级单位的年度工作总结，用于决算说明)。

高校应当完善预算管理的协调流程，以确保决算任务能够顺利进行。决算作为对一年内事业进展和资源利用的年度回顾，其涉及的业务领域广泛，影响深远。在此过程中，高校内部的各个部门，以及学校的集中管理部门与预算实施单位之间，都需要持续的沟通与协作，以确保决算工作的顺畅进行。

(二)充实决算工作人员，提升决算专业性

决算任务具有很强的业务性质，教育部所属的高校的中央部门在进行决算时需要提交三十多张报表，这些报告中包含了大量的表格，它们之间的关联非常复杂，而且文字描述也十分详尽。决算编审人员必须具备扎实的专业知识、出色的业务能力和高度的责任感。他们不仅需要对财务有深入的了解，还必须精通业务和管理。在日常工作中，他们需要主动收集和整理相关的资料和数据，了解工程项目的实施情况和单位的基本情况，否则就无法编制出高质量的决算。

因此，高校应当重视对决算工作人员，尤其是财务专业人员的业务技能培训。随着政府收支分类和国库集中支付制度改革的不断深化，部分会计人员在面对新出现的财务问题时表现得不够从容，对政府收支分类科目也不够熟悉，这可能会导致报表填写出现错误；对财务报告的不熟悉可能会损害部门决算报告的真实度。为了确保预算单位部门决算报表的准确性和真实性，并实现账表的一致性，我们应该有针对性

地对会计人员进行专业技能的培训和提升，并督促他们加强数据基础。虽然部门决算编制工作已有一定的制度规范，但其具体执行情况与相关工作人员紧密相关。因此，我们必须重视相关工作人员的综合素质培训，提高他们的职业道德、法律意识和技能操作水平，相应的培训和考核管理是必不可少的。我们需要根据不同的岗位和不同级别的决算工作人员来进行相应的分级培训和管理，这样可以有效地提高他们的财务技能和素养，确保他们的数据统计工作有坚实的基础，同时也能为部门的决算工作做好充分的能力准备。此外，我们需要不断地强调与工作相关的法律意识，确保法律知识的普及和遵守，严禁伪造账目。同时，也需要对相关的法律和法规进行有效的传递和吸收，确保决算数据提供者对违规行为产生的后果和相应的处罚有明确的了解。

（三）紧密结合预算，完整编制决算报告

每年年终，高校要按照上级主管部门的工作部署、决算具体编制办法，决算报告的编制范围、编制内容、工作组织、填报审核、汇总上报、质量核查及数据资料管理等方面的工作规范，在规定的时间内编制和报送决算。

高校应当在全面清理核实收入、支出、资产、负债，并办理年终结转的基础上编制决算。

（1）应当按照行政、事业单位财务会计制度规定及财政部门对部门预算的批复文件，及时清理收支账目、往来款项，核对年度预算收支和各项缴拨款项。各项收支应当按规定要求进行年终结账。

（2）应当按照综合预算管理规定，如实反映年度内全部收支，不得隐匿收入或虚列支出。凡属本年的各项收入应当及时入账，本年的各项应缴国库款和应缴财政专户款应当在年终前全部上缴。属于本年的各项支出，应当按规定的支出渠道如实地列报。

（3）应当根据登记完整、核对无误的账簿记录和其他有关会计核算资料编制决算，做到数据真实正确、内容完整，账证相符、账实相符、账表相符、表表相符。

高校应当按照主管部门的布置，认真编制本单位决算草案，决算必须符合法律、行政法规，做到收支真实、数额准确、内容完整、报送及时。决算草案应当与预算相对应，按预算数、调整预算数、决算数分别列出。一般公共预算支出应当按其功能分类编列到项，按其经济性质分类编列到款。

（四）明确审核方式和形式，认真做好决算审核

高校应当认真做好财务决算报告的审核工作，根据实际情况采取自行审核、委托

审核、参加上级主管部门的集中会审等多种形式，综合运用人工审核与计算机审核相结合的方法，确保上报数据资料真实、完整、准确。

1.决算审核方式

部门决算审核应当采取人工审核和计算机审核相结合方式进行，审核方法主要包括政策性审核、规范性审核等。政策性审核主要依据部门预算、现行财务会计制度和有关政策规定，对部门决算进行审核；规范性审核侧重于决算编制的正确性和真实性及勾稽关系等方面的审核。

2.决算审核形式

部门决算的审核方式可根据实际情况采用自行审核、委托审核、集中会审等多种形式。

(1)自行审核：高校在报送部门决算前自行将本校纸质报表、电子介质数据以及相关资料，按规定的审核内容进行逐项审核。

(2)委托审核：各高校在遵循有关法律法规的前提下，可委托中介机构对高校本级和附属单位编制的决算纸质报表、电子介质数据以及相关资料进行审核。

(3)集中会审：上级主管部门组织专门力量对本部门下属行政事业单位编制的决算纸质报表、电子介质数据以及相关资料，按照财政部门的标准及要求集中进行审核。

3.决算报告审核内容

决算报告审核的主要内容如下：

(1)审核编制范围是否完整，是否有漏报和重复编报现象。

(2)审核编制方法是否符合国家统一的财务会计制度，是否符合行政事业单位会计决算报告的编制要求。

(3)审核编制内容是否真实、完整、准确，审核单位账簿与报表是否相符、金额单位是否正确，有无漏报、重报以及虚报和瞒报项目等现象，部门决算纸介质数据与电子介质数据、分户数据与汇总数据是否保持一致。

(4)审核决算数据年度间变动是否合理，变动较大事项是否附有相关文件依据。

(5)对报表与上年数据资料进行核对，审核数据变动是否合理。

高校应当认真做好决算审核工作，凡发现决算编制不符合规定，存在漏报、重报、虚报、瞒报、错报以及相关数据不衔接等错误和问题，应当要求有关数据提供部门立即纠正，并限期重新报送。

(五)科学安排校内决算与部门决算的时间进度

高校会根据其内部和外部的不同需求来制定校内和部门的预算。同样地,在每年的总结阶段,这些机构也需要进行校内和部门的决算编制。从学校决算和部门决算的主要关注点来看,部门决算主要集中在财政资金如何使用、单位收支预算如何完成,以及单位支出的方向和具体内容等方面。校内决算主要关注的是校内各个二级单位在完成收支预算任务、预算执行结果与预算编制内容的匹配性、任务与预算经费执行的一致性、预算执行的绩效等方面的情况。因此,学校内部的决算数据与各部门决算所需的数据并不吻合,他们所制订的时间计划也存在差异。高校在完成对校内预算执行情况的多维度、多种类统计后,可以开始进行校内决算的编制。在编制决算的同时,还需要进行财务会计的年终结转,然后才能进入部门决算的编制阶段。这样可以科学地安排时间,避免因校内决算和部门决算同时进行而产生的一系列矛盾和困难。

(六)建立并完善决算发现账务问题的更正处理和决算报表修改的工作机制

为了规避决算产生差错的风险,高校应建立并完善决算发现账务问题的更正处理和决算报表修改的工作机制,并运用授权审批、不相容岗位分离、内部牵制等内部控制方法,做到问题的更正和修改都按照规范流程进行,避免决算人员随意操作、擅自修改等行为所发生的操作风险。

(七)加强对决算数据的分析,强化决算结果的运用

编制行政事业单位的决算不仅是为了展示单位预算的执行状况,更为关键的是,它提供了可供深入分析的数据。这些数据将用于评估单位内部各个部门在预算执行、资金和实物资产使用,以及为执行职责所消耗和占用的资源方面的表现。针对这些存在的问题,决算还将提供改进的建议,以进一步提高单位内部管理的效率和财务资金的使用效益。

单位决算分析的核心议题涵盖了预算与决算之间的差异性分析;对收入、支出和结余的年度变化原因进行了深入分析;对财政资金的使用效果进行分析;对部门的资产和负债的规模以及其结构进行了深入分析;对机构、人员和人均的情况进行了深入的比较分析;此外,还包括满足财政和财务管理以及宏观经济决策需求的各种专题分析。

单位应当综合运用多种方法进行分析,主要包括:分类比较法、趋势分析法、比率分析法、因素分析法等。

决算数据的分析流程通常涵盖了以下几个关键步骤:搜集相关数据、识别存在的差异、分析造成这些差异的原因、提出相应的解决方案以及进行反馈报告。在这之中,数据资料涵盖了财务和非财务方面的数据,而分析手段则包括了定量和定性的分析方法。行政事业单位在确定了当年预算执行结果与预算目标之间的差异后,应运用比率分析法和因素分析法等多种方法来深入分析预算指标的完成流程和预算偏离的根本原因。通过定性分析法,可以对这些差异进行更为深入的剖析,识别出导致预算执行不一致的核心问题和根本原因,并确定责任部门的负责人。这些分析结果将被报告给预算管理委员会,并反馈给各个业务部门(即预算业务管理执行机构),以促使各业务部门自觉提升预算执行的规范性和有效性,从而维护预算的权威性和约束力。除此之外,我们还可以采用趋势分析法来对比历史数据,以识别单位财务收支的变动模式和发展趋势,特别关注各项支出计划的合理性和项目支持是否达到了法律规定的效果,从而为未来年度预算编制提供有力的参考依据。

此外,单位要充分利用计算机、网络等方式,推动部门决算数据共享工作,提高决算数据的利用效率。

(八)建立健全预算与决算协调机制

单位应建立健全决算和预算有效衔接、相互反映、相互促进的协调机制。决算编制人员要对预算执行情况进行如实反映和总结,作为单位预算执行情况考评的依据,本年度决算数据是下一年度预算编制的参考。

九、预算考核评价控制

要树立绩效管理不仅仅是在预算执行完成后所进行的事后评价,而是一个贯穿预算管理全过程中的,旨在提高预算管理效率效果的一项管理活动。那么绩效评价,就是对绩效管理的全过程进行评价,为此,考评控制应从以下几个方面着手。

(一)建立完善预算绩效评价的管理制度

单位应当制定本单位的具体预算绩效管理办法,指导本单位的预算绩效管理工作,促进绩效管理的提升,这是进行预算绩效评价控制的基础。

(二)建立健全预算、决算内部审计制度

高校应实施预算编制、执行和决算的全程审计监督。校内各二级单位应按照校内预算审计报告的建议加强预算管理并严格细化执行。预算管理机构根据预算编制审计结果安排预算,在审计结果未确定前,可根据工作需要,预拨部分经费;预算执行过程中,审计部门协同财务部门对各项经费的预算执行进行监管;审计部门应在年终

对各项预算执行结果进行审计，审计结果作为学校目标考核和下一年度预算安排的重要依据。

(三)对预算编制、执行、结果展开全面、综合的考核、评价

高校要在预算执行过程中进行全过程的动态考核，针对财政资金、校内预算经费的使用情况，利用预先设定的预算资金的使用效益、资金利用率等多种财务指标进行考核，及时对预算经费的使用情况进行反馈和处理，保证预算资金的使用和预算目标一致。

(四)坚持公开、公平、公正的原则进行预算执行考核，有完整记录

学校内的二级单位必须遵循“依法公开、实事求是、民主集中、强化监督”的原则，扩大财务信息的公开范围。除了法律法规规定的保密事项外，单位的经费预算编制、预算执行和相关财务事项都可以公开，以确保单位成员的知情权和监督权。为了全方位地推动预算绩效管理的实施，并进一步增强预算绩效目标管理的科学性、规范性和有效性，以提升学校资金的使用效率，高校应遵循“资金申请者负责设定目标”的准则，确定每年的绩效目标。绩效目标描述的是学校预算资金在特定时间范围内的产出与成果，它为学校的预算制定提供了关键的参考，同时也是学校在年底进行预算绩效评价的主要依据。高校的预算管理和评估部门应当遵循公开、公平和公正的原则来进行预算执行的考核，强化过程中的管理，并保留考核的初稿和记录，确保按照“踏石留印、抓铁有痕”的标准完成预算的评估和考核。

(五)对财政专项要科学开展绩效评价，加强对评价结果的运用

要充分发挥绩效评价报告的作用，依据评价报告的内容，针对其中好的地方要积极推广经验，不足的地方要及时改进。以此来提升绩效管理的水平，发现和解决预算管理中存在的问题和不足。同时要通过制度性的措施保障对绩效评价结果的运用，防止一些顽固问题的反复发作，绩效评价结果被束之高阁。

(六)加强预算评价结果的反馈，做好与奖惩机制紧密结合

高校要及时地把预算绩效评价结果反馈给相关的业务单位、财务部门、预算管理委员会、人力资源部门等机构，让他们及时了解绩效评价的结果。高校人力资源管理部门应完善预算考核评价的奖惩制度，将预算考评结果纳入学校综合奖励系统中去，并依据年度预算考评结果实施奖惩，切实推动高校的预算工作水平呈螺旋式上升。

第六章 高校收入与支出业务控制

收入与支出的控制是高校财务内部控制活动的关键点，是做好高校财务内部控制的重中之重。在收入环节，要认真做好记录、监督、核查，确保资金收入的合法性、合理性，并在此基础上严肃强调高校收费标准，杜绝收费过程中一切违法违纪现象。在支出环节，要严查各项资金支出管理，对专项资金、员工及教师工资发放、高校日常开销支出等方面的公用经费进行规范标准的管理。

第一节 高校财务收入的控制

对于高校来说，其收入的来源主要有：高校内部的各项收费，例如学生所交的学费、住宿费、课本费以及购买教学物品的费用；高校进行科研活动所获得的经费或是承接、进行科技咨询所获取的费用；上级教育部门所拨款项等。在对收入控制管理的过程中，需要财务人员对每一笔款项都进行详细记录、登记入库，并做到定时核算，以避免和杜绝以收抵支、公款私存等违法违纪现象的发生。

一、高校各项收费项目的管理方法

对于各项收费项目和收费标准，高校必须取得收费许可证后方可收费，杜绝乱收费、扩大收费范围、提高收费标准等现象。高校财务部门应当相互监督，防止违法违纪行为的发生。同时，在高校财政收入过程中，要建立健全收费透明制度，公开收费项目和收费标准。具体来说，就是向社会公布高校的收费项目、收费标准、收费使用和投诉电话，积极接受学生、家长和社会的监督。

对于特殊的收费项目，应当在得到收费标准审批领导小组的批准之后方可进行，且严格按照标准收取相关费用并出具由高校财务机构管理的合法收据。

对于集中收费项目，必须按照规定集中办理，退费时的审批、复核等手续应办理齐全。

对于收取学生学费、宿舍费等事项，应严格按照国家规定的收费项目和收费标准进行收取，收费收入应严格按照规定上缴财政专户或国库，实行“收支两条线”管理。

对于特殊学生的收费减免，应先由指定部门审核，再报高校审批，最后交由财务管理部门备案，并且杜绝向学生收取各种押金、保证金、回扣等现象。代收性的收费项目也必须实行专项管理，坚决避免中饱私囊的情况出现。

二、高校科研经费的分配管理方法

对于科研经费，高校应建立一个明确的分配管理制度，以实现科研经费在高校、项目人工费支出和其他支出之间的合理分配。分配管理制度的制定，由高校决策机构经过合理的程序集体决定和实行，在授权范围内审批之后方能进行科研经费的分配。

对于科研项目，在结题后经过验收和考核，所剩余的经费在有效期限内尽快办理财务结题，之后按照相关规定进行再次分配。如果不需要进行分配，应及时结转为事业发展经费或是按项目合并。

对于高校承接的科技项目、开展科研协作、转让科技成果、进行科技咨询等收入，应当建立相应的管理制度，以达到控制收入进款额与服务合同金额相一致的目的。

三、高校基层收款单位的管理方法

对于基层收款单位的管理，高校应将以下几点作为管理工作的重心。

基层收款单位必须严格、准时地按照相关规定、比例将所收款项上缴高校，高校所收款项再按照规定进行统一管理。各基层收款单位严格把关，互相监督，严禁出现公款私存、谎报收入、私设小金库等违法违纪现象。

对于收入的分配制度，相关部门进行严格审核把关，保证制度的建立和执行能够达到标准。高校相关决策审议机构对制定出的分配制度进行监督、修正、通过。

对于各基层单位的工作情况以及收入款项的管理，应经常接受由高校所指定的工作人员进行清查核算。工作人员依据清查所得结果对基层单位的工作进度进行监督、分析，并编制清查报告呈交上级单位审核。

对于高校附属单位的财务管理，首先应建立明确的缴款任务书管理制度，并在其中对附属单位应缴纳款项做出详细明确的标注，确定其缴款比例。对附属单位的缴款进度，由高校指定负责人员进行催缴工作，并经常监督、检查附属单位的缴款情况。在当年末制成财务报表，上交相关管理部门清查核算，最后交由高校最高决策机构审核、存档。

对于高校签订的应取得的收入，有关的经济合同要严格符合国家相关法规以及高校的相关规定，经单位负责人、高校主管部门以及高校领导审批，并由专人登记、保管、归档。要合理设置收入科目，准确进行收入核算，保证收入的款项能够及时到账。另外，应收未收的款项要设置登记簿进行记录。

第二节　高校财务支出的控制

高校的支出涉及方方面面，比如教学资金、教学设施、科研项目、教师和员工工资、专项资金以及一部分对外投资项目等。对这些方面的支出进行控制管理，是高校财务内部控制的重点内容之一。

一、高校的资金支出的管理方法

高校支出是高校为发展事业和开展教育教学、科研及其他活动产生的各项耗费和损失，主要包括事业支出和专项资金支出。事业支出的主要内容包括基本工资、补助工资、其他工资、职工福利费、社会保障费、公务费、业务费、设备购置费、修缮费和其他费用。专项资金支出指的是高校从有关部门取得的有指定项目和用途的专项资金的支出。在高校资金支出管理工作中，必须采取以下方法，以杜绝不良情况的出现。

高校从有关部门取得的有指定项目和用途并且要求单独核算的专项资金，应当按照要求定期报送资金的使用情况；项目完成后，应当报送资金支出决算和使用效果的书面报告，并接受有关部门的检查、验收。

高校要加强对支出的管理，各项支出应按实际发生数列支，不得虚列虚报，不得以计划数和预算数代替。对校内各单位包干使用的经费和核定定额的费用，要本着勤俭节约的原则科学合理地制定。

高校要加强预算内支出管理。① 预算内的支出是资金支出管理中的主要内容。就现阶段而言，高校抵用发票现象较多，除了一些无法避免的报销需要别的发票抵用外，例如购买教学用品等，其他费用比如差补、水电费、物业费等一律不允许使用其他发票抵用。如果发现此类事件，工作人员应立即上报上级单位，并由上级单位根据实际情况研究决定。

高校的支出应当严格执行国家有关财务规章制度规定的开支范围及开支标准；

---

① 邱向英.高校预算管理模式创新研究[M].北京：中国纺织出版社，2021.

国家有关财务规章制度没有统一规定的，由高校结合本校情况规定，报主管部门和财政部门备案。高校规定违反法律和国家政策的，主管部门和财政部门应当责令改正。

二、针对货币资金的支出管理措施

高校的货币资金是指高校所拥有或者控制的银行存款、现金和其他货币资金。加强对高校货币资金的管理，对保证高校货币资金的安全、促进资金合理循环和周转、提高货币资金的使用效益、推动高等教育事业的健康发展具有深远意义。

必须建立健全货币资金业务的岗位责任制，并制定对货币业务的不相容岗位相互分离、制约和监督的制度，并为货币资金业务岗位配备合适人员，根据具体要求进行岗位轮换，互相监督。

严格遵守国家及相关部门关于银行账户管理制度，定期检查、清理银行账户的开立以及使用情况。杜绝违规开立和使用银行账户，杜绝出租、出借或是转让银行账户，杜绝以个人名义存放单位资金或是为个人及其他单位提供信用。对银行对账单实行“双签”制度，即每月的银行对账单必须由财务处长审核签字后，再由审计机构负责人复核签字，并报经主管财务的校长或总会计师审签后与当月的会计凭证一同保存。

二级核算单位在银行或是非金融机构开立的账户、账号以及有关会计资料，应当主动上交财务和审计部门备案，杜绝挪用公款、公款私存等现象。高校应当集中统一管理全校的行政事业性收费票据和其他合法票据，并建立明确的票据的购领、使用登记、背书转让、检查和核销等管理制度和程序。

三、建立健全高校工资发放制度

建立健全高校工资发放制度的目的是保障高校教职员工的工资福利正常发放，其关键是要根据实有人数和规定标准进行发放，同时要完善相应的报销审核制度。

高校员工及教师的工资、津贴、补贴和抚恤救济费等，必须根据实有人数和规定标准进行发放，并取得本人签字或有效的法律证明凭证，坚决不允许擅自增加人数和任意改变标准的现象出现。社会保障费、职工福利费和工会经费等也必须按照规定标准和实有人数计算以及发放。

建立健全完善的报销审核制度。各项费用的支出都必须取得合法的原始凭证，手续应保证完备，严格按照审核报销制度和相应的支出标准列支。在进行费用报销时必须有相关的审批人员签字，超过支出标准的应取得相应主管部门的审批，杜绝以领代报、以拨代支等现象。

四、制定严格的财务管理规章制度

高校的蓬勃发展，使得许多高校在管理上出现了漏洞，让一些不法分子钻了空子，导致违法犯罪，给高校造成了极大的损失，所以在财务管理上要加强制度控制与监督。

(一)校内监督

高校要把财务管理规章制度落实到现实管理当中，不要只是文件报告或者口头通知。尤其是对平时接触到财务管理方面的高校人员，一定要安排专门的人员进行监督。

(二)校外监督

国家和相关部门可以对高校的财务管理规章制度落实情况进行监督，严格按照法律法规对其进行考察，要全面控制高校财务管理的整体效果。此外，高校也要接受全社会的监督，不可以在财务管理上存在松懈和侥幸心理。

五、通过岗位分工控制财务支出

从高校财务内部控制的角度来说，岗位分工与财务支出是两个密切相关的重要环节。对教职员工进行合理的岗位分工是控制财务支出的一个重要手段，所以做好岗位分工对高校内控管理有着非常大的作用。

(1)加强岗位分工并实行定期轮岗，这样可以有效控制财务支出的关键环节。在高校财务管理人员的配置上，不要只是配置一人就一成不变了，这样时间久了很容易出现问题，要在重要岗位上多配置几人，而且要配置一些合格的并且德才兼备的人员来进行高校财务的管理与支出。因此高校可以实行多人轮岗制度，让这些人竞争上岗，必须按照规定办理人员的交接手续，以免造成误差。

(2)如果工作人员发现竞争上岗过程中存在问题，要及时向上级汇报情况，要在最短的时间内控制资金问题的发展与扩散，最大限度地减少资金的损失，以免给高校造成严重的影响。

六、建立健全资金业务管理制度

目前高校的资金规模及使用范围越来越大，资金管理已经成为高校财务管理工作的重中之重。如何有效控制高校的资金管理风险，不仅是高校财务工作的首要问题，也是高等教育事业健康发展的需要。为此，高校要制定岗位监督和审查制度，并通过每日对账和不定时盘点的方法加强对账管理工作。

（一）制定岗位监督和审查制度

高校财务管理工作如果分工不清，就会给那些不法分子钻了空子，贪污受贿、挪用公款等，给高校造成严重影响。为了防止在财务管理上出现贪污受贿或者挪用公款这样的问题，高校一定要严格要求有关人员：做出纳的人员不得再兼任会计档案管理和资金的分类总账的管理；做审计的不得再做收入、现金支出等财务工作，以及债券业务类的明细分类账的记账工作等。否则会增加出纳等工作人员犯罪的概率，造成出纳等人员徇私舞弊的漏洞，也给出纳等人员提供了掩盖犯罪事实的可能。因此，必须制定一系列的岗位监督和审查制度，让各个岗位的工作人员进行相互的监督和牵制，把那些在财务工作上不相容的岗位进行分离，增加各个岗位相互制约的因素。

（二）加强对账管理工作，具体措施可以采取每日对账和不定时盘点的方法

高校要做出明文规定，财务出纳人员每天都要进行对账工作，养成经常对账的习惯，要把每天的现金收入支出账单与现有的现金进行对账，保证每天的现金支出与收入都与账单相符，以免出现问题，给财务部门和内部管理部门造成影响。高校要不定时地对现金业务账单和库存现金进行盘点，以确保现金业务的正常运行，还要相关的财务管理与负责人员进行季度账务盘点与审计，发现问题应该及时向高校领导汇报，然后以最短的时间找出问题根源，从根本上解决问题，以免给高校造成不必要的麻烦。

第三节　高校人力资源管理成本控制

高校人力资源属于高校财务收入与支出控制的重要内容。人力资源成本是取得、开发和保持人力资源而产生的费用支出，即在人才使用过程中发生的各项费用，包括维持成本、奖励成本和福利成本。人力资源成本是高校的主要成本，人力资本管理成本控制是高校成本管理的重要内容。

一、新时代高校人力资源及管理的特点

高校人力资源是从事教学、科研、管理和后勤服务的教师综合劳动能力的总和，主体是教学科研人员的学术水平和能力。新时代高校人力资源既具有人力资源的一

般特征，还有自身的特殊性。

(一)高校教师的学术水平和知识水平相对较高

高校的教师具有高学历和高职称的特点，他们是高校人力资源管理的主体和基础。在工作中不断改变高校教师的职称结构和学历结构，并不断调整和优化师资力量，是提高高校竞争力的有效途径，也是加强人力资源建设的重要突破口。

(二)高校教师的创新意识和创新能力突出

高校教师具有较强的业务能力、坚韧不拔的精神和不断创新的意识，他们不仅肩负着教育工作的重任，也为科研工作付出了巨大贡献。行之有效的人力资源管理可以作为催化剂，能够为高校工作发展提供动力。

(三)高校教师具有强烈的自我价值实现意识和竞争意识

高校的教师具有良好的教育背景和一定的专业特长，他们对自我的要求较高，十分注重对高层次精神需求的追求，有着积极向上的自我价值实现的愿望和强烈的竞争意识。高校人力资源管理要积极引导教师们进行合理竞争，通过不断提升其自身的科研水平和实力，实现他们的人生价值。

二、高校人力资源管理成本面临的问题

高校人力资源管理区别于人事管理，要求具有更好的规划职能，促进高等教育发展。人力资源成本管理是人力资源管理中的核心内容之一，也是衡量管理效能的重要标准之一。目前，高校对于人力资源成本的管理仍存在以下问题。

(一)高校人力资源管理成本具有刚性和路径依赖性

人力资源管理成本刚性是指在特定的历史条件下，高校人力资源管理成本能够将员工的收入维持在一定水平，并保证其只能上升不能下降。高校教师收入是人力资源管理成本的一部分，主要体现在高校人才的劳动力价格上。仅从经济的角度来看，高校教师的劳动力价格相对稳定可控。然而从教师的角度来看，工资收入的上升是可喜的，工资收入的下降将直接影响教师岗位的稳定。高校教师是人力资源的重要组成部分，高素质人才是高校能否拥有良好声誉和可持续发展的关键。高校要想保持一支完整的教育队伍，就必须保证职工收入的稳定。总之，他们必须确保人力资源管理成本的稳定。

高校一般由不同的高校合并而成，其原有的分配制度具有一定的路径依赖性。不同高校合并后，从照顾教师情绪、维护教师稳定的角度来看，他们目前的收入水平与原来相差不大。因此，高校人力资源管理的成本必然很高。

(二)高校人力资源管理成本面临着社会趋同与平衡的双重要求

高校人力资源作为生产力的重要组成部分,必须追求价值最大化。优秀人才将流向工资较高的部门和单位,为了保证合适的人力资源,高校中类似的部门或单位必须支付大致相等的人力资源管理成本,以确保人力资源成本实现社会趋同和平衡。

为了获得和保持一支优秀的教师和人才队伍,高校必须努力支付与同类高校相同或更高的人力资源管理成本,这取决于社会整合和人力资源平衡。然而,高校可能不会支付与类似高校相同的人力资源管理成本,因为影响教师队伍的因素不仅仅是高校员工的价值。因此,高校应根据社会趋同、人力资源管理成本均衡的特点和自身发展优势,制定更具竞争力的人力资源管理成本实施策略。

(三)高校人力资源管理成本有逐渐上升的趋势

随着社会经济的不断发展,人们的预期收入水平将不断提高,以满足"共享经济发展成果"的需要。由此可见,人力资源管理成本上升是社会经济发展的必然结果。同时,由于科学技术的不断进步和各方面效率的不断提高,在地方高效高回报部门和单位的推动下,人才流动的平衡将继续被打破,人力资源管理成本将继续上升。

高校面临的现状是:一方面,高校面临着优秀人才资源匮乏、就业人才水平低、资金投入有限的问题;另一方面,高校面临着人力资源管理成本上升的趋势。那么,如何解决人才短缺、资金有限、成本上升等问题,就成为高校迫切需要解决的重要问题。

三、影响高校人力资源管理成本的因素

影响高校人力资源管理成本的因素有很多,归纳起来,大致有以下几个方面。

(一)成本项目

所谓成本项目,就是完成教学的所有人工成本。为了培养人才,高校需要做很多工作,比如专业教学课程、教学实践与教学技能培训、教学与科研、教学与教学改革、以培养学生能力为重点的课内外活动、为学生的健康成长服务以及这些工作的管理。这些工作应作为成本的一部分支付。

目前,高校教师的收入已不再是单一的传统工资,除档案工资按照人事部制定的工资标准全面执行外,还有根据岗位、绩效、课时、成绩奖励、节日慰问、政策规定的各项福利以及根据项目完成任务的奖励。这些都将作为教师收入的一部分,具体包括财务工资、津贴、社会保障、内部福利等。其中,财务工资是高校教师工资的主要组成部分,由国家财政部门按照国家现行的事业单位工资制度和国家工资制度规定的项目和标准发放;津贴包括岗位津贴、绩效津贴、课时津贴、奖励津贴、职称津贴等,其与

档案工资有本质区别，具有明显的内部奖励性质；社会保障是指高校缴纳的各种保险费，包括养老保险、失业保险、住房公积金、医疗保险、工伤保险等；内部福利包括单位支付的各类节假日、劳动保险等福利费用。

高校不需要管理教师档案工资，因为其支付标准由国家人事部门直接制定，属于不可控成本。此外，成本属于高校可以控制的可控成本。可控成本受成本项目、工作量、支付标准、社会平均工资水平和历史传统的影响。①

(二)非成本项目

所谓非成本项目，就是可能影响员工收入或福利的项目。高校非成本项目一般包括人才引进、人才管理制度和校园文化。人才引进对高校来说非常重要，人才引进将提高高校人力资源管理的成本水平，如果高校吸引高薪、高福利的人才，将增加高校的财务负担和风险。引进人才需要建立管理和相关制度，换句话说，没有一个持续、完整的人力资源管理体系，不利于有针对性、有计划地引进和管理人才。在校园文化方面，一些高校可能人文环境较差，不利于优秀人才的引进，因此有必要搞好校园文化建设。显然，引进人才也可能导致人才维持成本的增加。

(三)积极转变人力资源管理观念

我们应该树立人力资源是高校第一资源的观念。高校人力资源管理的关键是重视人才队伍建设。在人才开发工作中，要有认识人才的眼光，用人才的精神和聚集人才的方法，不断提高聚集和使用人才的水平。树立“以人为本，人才至上”的人力资源管理理念。在高校人力资源管理工作中，要牢固树立以教师为中心的管理理念，积极营造尊重教师、尊重知识、注重人才的良好氛围，强调教师在高校的主体地位和主导作用，激发责任感，围绕教师的积极性、主动性和创造性开展管理活动，充分发挥教师的积极性、主动性和创造性，激发教师对高校事业做出贡献。

四、改进高校人力资源管理的对策与措施

为了适应市场经济和知识经济条件下世界教育发展的趋势，高校必须根据我国高等教育发展战略和高校发展目标的要求，制定高校人力资源开发与管理的长远规划，改革现行利益分配制度，建立激励机制，构建全面、科学的考核、评价体系，公平奖惩，从而为高校的发展提供源源不竭的动力。

(一)制定立足长远的人力资源开发与管理的有效规划

高校人力资源管理要从战略的角度和发展的视角进行科学合理的目标定位，要

---

① 王刚.高校财务内部控制制度研究[M].太原：山西经济出版社，2023.

把引进、保持、培养和管理等环节结合起来，制定出战略性的人力资源管理长远规划。要根据自身的发展定位、规模和任务，制定出具有前瞻性和可浮动性的人力资源开发与管理长远规划，并以此规划为依据，制订逐步具体的中、短期实施计划。要把引进、保持和培养优秀人才放到高校人力资源开发与管理的首位，围绕各级别学科建设，做好高层次人才的培养、稳定和吸引的具体规划。要根据高校人力资源所具备的继承性特征，既着眼于本校人才的近期培养、稳定，又必须着眼于长远，把学科带头人的培养作为人力资源开发与管理的长期目标，以确保高校内各学科整体优势的不断延续。同时，还要根据不同级别、不同层次的教师设计出不同的培训方案，来提升和提高教师水平，利用培训机制来管控和激励教师的发展。

(二)改革现行利益分配制度，建立奖励激励机制

在利益分配方面，要拉开档次，充分体现按劳取酬和多劳多得的理念，用高报酬去激励贡献大的优秀人才，并要把教学科研人员和中高层管理人员放在同一管理地位。

在职称评审晋级方面，要把个人的贡献和付出水平放在第一位，个人资历只能作为评定的参考。只有这样的奖惩制度，才能留住优秀人才，激发各部门工作的积极性和创造性。在选拔人才和各部门进修等机会的安排上，要在工作出色的教师职工中，按计划地选拔和培养有前途、对高校长远发展有利的人员去进修和深造。

在各项科研设施的计划投入方面，要对有前途、势头好的学科群体进行重点培养，重点扶植，鼓励其努力早出、快出成果。在高校各科课时经费制定方面，要充分发挥优特人员的杠杆作用，给付奖励时既应遵照教师职称，还要具备一定的灵活性，即使是在同一职称、同一层次上也要根据具体情况给予区别对待。

对那些教学效果突出、有特色、能够受到学生和同行一致好评的优秀教师，在给付课时费时要按一定的比例给予奖励(既有物质奖励，也有精神奖励)；而对那些教学态度和效果较差的教师，则要加强沟通，多多鼓励，再根据具体情况给付课时费，必要时应按相应的奖惩制度做一定比例的下调。

总的来说，改革现行的分配制度，原则上是以岗定薪，优劳优酬，具体要以提高岗位工资为主要内容，要建立重实绩、重贡献，并向高层次人才和重点岗位倾斜的分配激励机制，这是摆在每一位人力资源管理者面前的主要任务。

(三)构建考核评价体系，实现公平奖惩

考核、评价、奖惩是人力资源管理的重要手段，因此必须构建考核评价体系，实现公平奖惩。要通过设立高尺度、严要求的管理目标，引导教职员工充分发挥主观能动

性，积极努力，迅速提高工作效率。

首先，应建立科学、全面、合理的考评指标体系。这个体系的建立既要充分考虑教学又要考虑科研，既要考虑基础科学又要兼顾前沿科学。能够量化的指标应尽量量化，难以定性的指标也应以分值或权重对应。随着高校的发展和人力资源理论研究的深入，考评指标还需要动态化地不断完善。

其次，各层级应科学组织考评，简化考核工作程序，根据考评指标并依次通过自我评价、群众评价、基层组织评价、单位考评小组评价、校考评领导小组评价、公布考评结果等步骤，对全校人力资源进行合理的评价并做出科学的分析与统计。考核后应及时地将有关信息反馈至个人，使被考评者心悦诚服地接受考核结果。被考评者若有不同想法，应允许其提出自己的意见或建议，使考评方法更能适应高校人力资源管理的特点。

最后，要将作为职称晋升、岗位聘任、津贴分配及其他奖惩性工作的基本依据的考评结果坚持到底。奖惩的措施要合情合理，做到“言必信，行必果”，否则将使整个考评工作前功尽弃，进而严重影响整个人力资源管理的成效。

五、高校人资管理成本控制法：作业成本法

作业成本法起源于20世纪70年代初，成形于20世纪80年代末，是一套用来衡量产品成本、作业绩效、耗用资源及成本标准的方法。作业成本法的核心思想是产品耗用作业，作业耗用资源。也就是说，要生产就要作业，要作业就有成本，所有资源都被“作业”这个动作最终分摊到产品上。

高校是根据教学业务的特点来运用作业成本法进行管理的。首先是教职工做“作业”。教职工是高校整体运营过程中的作业的执行者，高校的运营效益就是职工执行作业的结果。其次是作业耗用的“资源”。资源包括两部分：一部分是作业活动本身发生的耗费，比如教学过程中教室的照明用电、设备耗材等；另一部分是作业的执行者即教职工的劳动耗费，这种耗费是无形的，它构成高校人力资源管理成本的一部分。最后是作业形成“产品”。产品体现为高校的办学效益，包括教职工的教学课时、作业批改的数量及发表论文的数量等。

高校运用作业成本法控制人力资源管理成本的基本步骤如下：

（一）确定作业流程

该流程包括学生管理和教工管理。学生管理作业方面包括招生、教学、学生日常管理和学生就业管理等活动；教工管理作业方面包括教师科研活动和行政管理活

动等。

(二)识别成本动因

成本动因就是对成本发生及增加、具有相同性质的事项进行的度量，是对作业的量化，简单来说就是引发成本的驱动因素。识别高校作业成本动因，必须结合具体的作业流程。比如，教师的教学作业可以分解为备课、授课、批改作业、辅导、命题、评卷等环节。需要注意的是，成本动因是对高校而言的，而从教师角度则是收入动因，因此，成本动因是对教职工某些“作业”的具体报酬。

(三)计算每个成本动因的单位成本

在作业成本法中，作业耗用资源，每个成本动因对应着资源的耗用量。这就是说，每个成本动因的单位成本等同于作业成本动因数量。

(四)建立成本库，核算职工作业总量，计算职工作业总成本

建立成本库就是把同一或同质成本动因导致的费用项目归集在一起，比如备课总成本、授课总成本等。成本库的建立可以为高校制定分配方案，并在高校总收入的基础上为调整每个成本动因的单位成本提供依据。高校运营过程中的作业活动都是由教职工执行的，那么一旦确定了作业流程和这些作业的岗位归属，再结合教职工的岗位职责，就可以确定某一教职工的作业量。与此同时，先计算出每个成本动因单位成本的作业量，在明确教职工作业总量的基础上，结合计算每个成本动因的单位成本，从而为高校确定支付教职工薪金提供可靠的依据。

第七章 高校内部控制评价

高校内部控制评价是高校内部控制的重要组成部分,与高校内部控制的建立和实施共同构成有机循环,是衡量高校内部控制设计与运行有效性的一把“尺子”。高校内部控制体系的建立健全,能促使高校依法办事、高效廉政、有效问责,从而达到内部治理的目的。

第一节 高校内部控制评价概述

一、高校内部控制评价与内部审计

高校内部控制评价与内部审计是相伴而生,二者互为基础、互相依存。

首先,高校内部控制评价与内部审计的目的一致。高校内部控制评价是对高校内部控制设计与运行有效性的衡量,发现缺陷,以评促建。而内部审计基本职能也包括监督、评价和改善内部控制,内部审计首先要保证和评价的就是内部控制的有效性。

其次,高校内部审计执行内部控制评价具有先天的优势。内部审计是高校内部设立的部门,对本校的情况更加了解和熟悉,能够随时洞察内部控制环境的缺陷,能够更加主动、积极、深入地开展评价工作。相比而言,外部审计对高校缺乏全面的了解,内容具有滞后性,工作比较被动。

再次,高校内部审计与内部控制评价在实务中运用的方法是相同的,比如询问、观察、检查、审计抽样等,部分工作内容是相似的,二者的工作成果可以相互利用。

最后,高校内部控制评价与内部审计互相依存。高校内部控制评价中的一部分内容可以借助全年常规审计项目的结果,对其中涉及内部控制的内容进行汇总、分析,从而提高评价的效率。反之,通过进行高校内部控制评价既能发现高校内部控制的薄弱环节,也能反映高校所面临的风险,这样有助于促进内部审计部门工作的提高。

二、高校内部控制评价必要性

高校内部控制评价是对高校内部控制设立与运行情况进行的全面考核。高校内部控制建设的健全性、有效性是深入推进教育管办评分离的基础条件,是高等学校遵循现代大学制度、践行依法治校、落实学校章程的重要途径,是判断学校管理水平的重要评价指标。内部控制建设及实施是提高学校治理能力建设的组成部分。对内部控制建设与实施进行的评价,能及时发现存在的问题并提出改进建议,对于完善内部控制建设有重要的意义。

(一)有助于及时发现并整改内部控制缺陷

内部控制评价机制的重要目的就是发现内控缺陷并予以整改,从而确保高校内部控制工作的有效运行。通过评价内部控制设计的适当性和完整性,对内控制度是否存在设计缺陷做出评价;通过对单位内部控制实际运行情况进行考察,对内部控制是否存在运行缺陷做出评价。同时,对发现的内部控制缺陷提出整改要求,使内部控制缺陷得以改正、克服。通过对内控制度设计、运行情况的持续评价,发现内部控制工作中可能存在的高风险点和薄弱环节,并有针对性地修补控制漏洞,使高校内部控制工作在评价与监督中不断改进及完善。

(二)有助于规范高校内部控制建设

内部控制评价机制的缺失必将导致内部控制工作的混乱,降低内部控制工作水平,使潜在的内部控制缺陷无法及时发现并予以整改,导致高校潜在风险以及管理效率的增加。加快构建内部控制评价机制,通过建立健全内部控制评价与监督制度,列明相关部门在内控监督中的职责权限,规范内控评价工作的程序及要求,对内控制度的建立及执行工作进行自我评价和自我监督,从而规范高校内部控制工作,寻找内部控制工作的薄弱环节并予以改正,使高校内部控制得到有效而持续的改进,从而提高高校内部控制建设水平。

(三)有助于杜绝高校贪腐,提高财政资金使用效率

国家每年都会拨付大量财政资金用于高校软硬件建设及科研项目的开展,但近年来高校贪腐现象频频曝光,个别高校存在科研、基建等国家财政拨款被挪用、浪费的现象,致使高校财政资金使用效率大幅降低。加强高校内部控制评价机制建设,通过对内部控制工作进行持续评价,及时发现并纠正未能防止贪腐现象出现的内部控制缺陷,严格资金管理使用制度,将国家财政拨款全部高效地运用于学校发展,做到专款专用,促进高校平稳健康可持续发展。

(四)有助于提升高校综合管理能力

加强高校内控评价机制的建设,带动高校内部控制工作水平的提高,进而提高高校综合管理能力,促进高校持续健康发展。内部控制制度是高校管理工作中的重要工具,其目的是确保高校各项经济业务活动安全有效进行,对保护高校资产的安全与完整,发现并纠正错误与舞弊意义重大。构建高校内控评价机制,以监督促进高校内部控制各项职能的有效发挥,确保内部控制工作持续、高效地运行,提升高校在预算管理、收支管理、合同管理等各方面业务的管理水平,提高管理工作效率以及防范风险的能力,使高校综合管理能力得到有效提升。同时,充分发挥评价工作的作用,对单位经营管理、经济效益等进行评价,为单位领导决策提供真实可靠的资料和数据,为单位获取最佳效益做出建设性建议,为单位的持续健康发展保驾护航。

第二节　高校内部控制评价构架

一、高校内部控制评价目标

评价目标就是通过评价要达到的效果。由于高校内部控制评价最终目的是衡量高校内部控制建立与执行的有效性,发现缺陷并整改,完善内部控制,其实质是对内部控制的再控制,最终目的是实现内部控制的目标。因此,高校内部控制评价的目标与高校内部控制的目标是一致的。高校开展内部控制评价,旨在实现以下目标。

(1)评价高校内部控制设计、运行的有效性,发现内部控制存在的缺陷并进行整改,不断完善高校内部控制工作。

(2)揭示高校资金使用的合法性、合规性,财务信息的真实、完整与及时性,规范财务管理行为。

(3)评价高校固定资产、货币资金等资产的安全性及使用有效性,加强资产管理。

(4)揭示高校财务风险防控与廉政机制情况,加强财务风险防控与廉政机制建设。

二、评价原则

内部控制的有效性评价应主要考虑以下方面的原则。

(一)全面性

开展评价工作既要进行单位层面内部控制评价,也要进行业务层面内部控制评价,应覆盖学校及所属单位所有的经济活动、经济活动的全过程、所有内部控制关键岗位、各相关部门及工作人员和相关工作任务。

(二)重要性

内部控制的设计对重要经济活动和经济活动的重大风险是否给予足够关注并建立相应的控制措施,是否重点关注了学校的各关键部门和岗位、重大政策落实、重点专项执行和高风险领域。

(三)适应性

内部控制的设计是否根据国家相关政策、学校经济活动的调整和自身条件的变化,适时调整内部控制的关键控制点和控制措施。

(四)独立性

开展评价工作应当确保内部控制评价机构的相对独立性。独立性是评价工作的基础,缺乏独立性可能导致评价的结果缺乏客观公正性,学校在内部控制评价组织机构的建立时应当充分考虑评价的独立性,可以设立专门的内部控制评价机构,聘用专门的评价人员,确保高校内控制度负责设计与执行的部门与内部控制评价职能机构的相互分离。

第三节　高校内部控制评价的主体与客体

一、高校内部控制评价的主体

(一)机构设置

根据评价机构的设立条件约束,高校内部审计机构、专门设立的内部控制评价机构、外部专业机构可以承担单位内部控制评价的工作。

高校内部审计机构在高校内部处于相对独立的地位,其工作内容、业务专长与内部控制评价工作有着密切的关联。单位负责人可以考虑授权内部审计部门负责本单位内部控制自我评价工作的组织和实施。

高校也可以根据设立条件单独设置专门的内部控制评价机构,并配备能力胜任、素质达标的人员负责学校内部控制评价工作的具体组织实施。评价机构的工作小组应当吸收学校内部相关机构熟悉情况的业务骨干参加。评价工作组成员对本部门的内部控制自我评价工作应当实行回避制度。

此外,高校还可以委托外部专业机构实施内部控制的自我评价。为学校提供内部控制建设或内部控制审计服务的中介机构，不得同时为学校提供内部控制评价服务。需要明确的是，外部专业机构为学校提供的内部控制评价是一种非保证服务，高校内部控制评价报告的有效性仍然由本单位自身承担。

（二）评价主体职责

高校内控评价主体以每年 12 月 31 日作为年度内部控制评价报告的基准日，并于 6 个月内形成内部控制评价报告。评价机构应当组织拟订内部控制评价工作方案，明确评价范围、工作任务、人员组织、进度安排和费用预算等相关内容。年度内部控制评价工作方案需报学校负责人审核，校领导班子集体审议批准后实施。评价机构应根据批准的内部控制评价工作方案，组织具体实施内部控制评价工作。评价机构进行的内部控制运行的有效性评价应对以下几个方面展开评价与监督，并对学校内控评价的结果负责。

（1）各项经济业务控制在评价期内是否按规定运行。

（2）各项经济业务控制是否得到持续、一致的执行。

（3）相关内部控制机制、内部管理制度、岗位责任制、内部控制措施是否得到有效执行。

（4）执行业务控制的相关人员是否具备必要的权限、资格和能力。

评价机构应在对被评价单位内部控制体系进行综合评价后，编制评价汇总表、评价工作底稿，并与被评价单位负责人沟通，核对数据，确认事实。

二、高校内部控制评价的客体

高校内部控制活动的内容十分丰富，需要从不同的角度进行评价。

高校内部控制评价指标主要围绕着经济活动展开，在组织层级和业务层级上关注是否对相关内部控制进行设计，并且实际运行效果如何，即针对高校内控设计与执行的有效性进行评价。[①] 在充分考虑构建依据的基础上，须考虑到高校内控建设阶段性特点。首先内控评价指标体系应围绕建立与运行两个层面展开，将评价指标分为高校单位层面内部控制评价和业务层面内部控制评价指标体系。这不仅符合现有规范的要求，使评价活动有依据可循，同时满足评价框架的要求，建立了全面系统又相对统一的评价体系。

（一）单位层面内控设计的合理性和运行的有效性

组织层面上的内控，要体现内控的环境，其重点包括内部管控机制和信息化建设

---

① 李强. 高校管理审计应用研究[M]. 长春：吉林大学出版社，2023.

等方面。

根据单位层面内部控制各要素的控制目标、主要风险和关键控制措施，高校单位层面内部控制评价指标体系如下。

1. 发展规划

(1)发展规划机构设置

高校应当设立或指定相关机构负责发展规划的制定与落实工作，明确部门职责、议事规则和岗位要求。

(2)发展规划制定

高校根据发展愿景制定战略规划，发展规划应当确定每个发展阶段的具体目标、工作任务和实施路径。高校发展规划方案按照学校法定程序批准后实施。高校应当根据发展规划编制年度工作计划。

(3)发展规划实施

高校规划管理部门应当加强对规划实施情况的监控，定期收集和分析相关信息，对于明显偏离发展规划的情况应及时报告；确需对发展规划做出调整的，应当按照规定权限和程序调整发展。

2. 组织架构

(1)内部控制机构设置

高校按照国家有关法律法规、大学章程，结合高校实际，明确内部各层级机构设置、职责权限、人员编制、工作程序和相关要求的制度安排，包括组织机构和岗位设置等。

(2)岗位职责权限

高校党委应切实负起对学校内部控制工作的领导责任。校长在党委领导下全面负责学校的内部控制各项工作。校长办公会议按规定权限对学校经济活动重要事项进行决策。党政领导班子其他成员按照“一岗双责”的要求，根据分工抓好职责范围内的内部控制工作。高校应当根据内部控制的总体要求，合理划分校内各部门的职能，厘清各部门在组织层面和业务层面内部控制中的角色和分工，确定具体岗位、职责和工作要求等，明确各个岗位的权限和相互制衡关系。高校在确定岗位职责和分工的过程中，应当体现不相容职务相互分离的要求。

(3)内部控制职能部门设置

高校应当单独设置内部控制职能部门或确定内部控制牵头部门，负责组织协调内部控制工作，为内部控制的建立与实施工作提供强有力的组织保障。

(4)内部控制制度建设

高校应当制定组织结构图、业务流程图、岗(职)位职责和权限指引等内部管理制度或相关文件,使教职工了解和掌握组织架构设计及权责分配情况,正确履行职责。

3. 运行机制

(1)决策机制

高校的重大经济决策、重大经济事项、大额资金支付业务等,应当按照规定的权限和程序实行集体决策审批或者联签制度,并应以纪实方式记录集体决策过程。

(2)执行机制

高校应建立并完善包括不相容岗位相分离、内部授权审批控制、归口管理、预算控制、资产保护控制、会计控制、单据控制、信息公开控制、信息技术控制等措施在内的内部控制执行机制。

(3)协同机制

高校应当建立健全"以预算为主线、资金管控为核心"的业务流程协同机制,积极发挥财务、政府采购、基建、资产管理、科研、合同管理等与经济活动相关部门或岗位的作用,保证内部控制在分权的基础上充分高效地运行。

(4)监督机制

高校应充分发挥内部审计、纪检监察部门的作用,通过内部控制评价和内部审计监督及时发现内部控制建立和实施中的问题和薄弱环节,并及时改进,确保内部控制体系得以有效运行。

4. 关键岗位与人员

(1)关键岗位

高校内部控制关键岗位主要包括预算业务管理、收支业务管理、政府采购业务管理、资产管理、建设项目管理、合同管理以及内部监督等经济活动的重要岗位。

(2)关键岗位人员资格

高校应当明确关键岗位职责权限、任职条件和工作要求,切实做到因事设岗、以岗选人、避免因人设事或设岗。并遵循德才兼备、以德为先和公开、公平、公正的原则,通过公开招聘、竞争上岗等多种方式选聘具备与关键岗位相适应的资格和能力,能够胜任岗位职责要求的优秀人才。

(3)关键岗位人员轮岗

高校应当制定关键岗位人员定期轮岗制度,根据学校实际情况明确轮岗范围、轮岗周期、轮岗方式等。

(4)关键岗位人员培训

高校应当加强内部控制关键岗位工作人员的职业道德教育和业务培训，不断提高工作人员的职业道德水平和综合素质，不断提升员工的专业技能及业务水平。

(5)关键岗位人员退出机制

高校应当建立健全关键岗位人员退出机制，明确退出的条件和程序，确保退出机制得到有效实施。高校内部控制关键岗位人员离职前，应根据有关法律法规和单位规定进行工作交接、离任审计等。

(6)关键岗位人员惩戒

高校应当建立和完善关键岗位人员考核奖惩机制，定期对关键岗位人员履职尽责情况进行考核与评估，并根据考核与评估结果实施奖惩。

5. 会计与信息系统

(1)会计机构设置

高校应当按照相关法律法规要求，建立健全会计机构，明确会计机构的职责和权限，依法合理设置会计工作岗位，进行岗位授权和职责分工，明确学校会计工作的责任主体，为会计管理工作有序运转提供组织和人员保障。

(2)会计人员配备

高校应当配备具有会计从业资格、业务水平过关以及道德素质较高的会计岗位人员，满足不相容岗位分离原则，建立会计工作队伍。

(3)会计政策制定

高校应当根据相关法律法规，结合学校实际建立内部会计管理制度，制定会计工作的基础规范，明确会计管理要求，确保会计工作有章可循、有据可依。

(4)会计业务管理

高校应当按照相关法规的要求，对学校发生的各项经济业务进行记录、归集、分类和编报，完善会计业务处理流程，确保财务信息真实、完整。

(5)会计核算系统建设

高校应当根据内部控制相关要求，结合组织机构、业务过程、技术能力等因素，制定信息系统建设总体规划，健全信息系统管理程序，设置信息系统管理岗位，明确信息系统管理责任，对信息系统实行归口管理。

(6)内部控制信息系统

高校应当充分运用现代科学技术手段加强内部控制，将经济活动及其内部控制流程嵌入信息系统中，设置不相容岗位账户并体现其职权，并确保各重要信息系统之间的互联互通、信息共享和业务协同。

(7)信息内部公开机制

高校通过信息系统建设实现经济活动信息内部公开管理,明确了信息内部公开的内容、范围、方式和程序,促进信息公开和廉政建设,增强经济活动处理过程与结果的透明和公正。

(8)信息技术安全管理

高校要强化信息系统的安全管理,建立用户管理制度、系统数据定期备份制度、信息系统安全保密和泄密责任追究制度等措施,确保重要信息系统安全、可靠,增强信息安全保障能力。

(二)业务层面内控设计的合理性和运行的有效性

业务层面则要使各项业务合法合规,体现各项内控制度,对每项业务都有相应的制度进行控制,并内嵌在各个业务流程中的节点,体现内部控制各要素在不同业务流程中的实施状况。

根据业务层面内部控制各要素的控制目标、主要风险和关键控制措施,高校业务层面内部控制评价指标如下。

1.预决算管理

(1)组织控制

①建立健全预决算业务内部管理制度。高校应当建立健全预决算的议事决策机制和监督检查制度,确定预决算归口管理部门和预算执行主体,明确各自职责、分工和权限。

②管理机构与岗位职责。高校预决算机构一般包括决策机构、执行机构和监督机构。高校应设立预算管理委员会或类似机构,负责拟订预决算政策,审议年度预算及具体分解方案,协调解决预算编制、调整与执行过程中出现的问题,组织开展预算绩效考核和预决算结果分析评价等工作。总会计师或分管财务工作的校领导应协助学校主要负责人开展预决算管理工作。

③预决算归口管理。高校应当合理设置预决算管理岗位,明确相关岗位的职责权限,确保预算编制与预算审批、预算审批与预算执行、预算执行与预算考核、决算编制与审核、决算审核与审批等不相容岗位的分离。

(2)预算编制

①预算编制依据。高校应当在正确评价历年预算执行结果,合理预计当年收支规模的前提下,围绕学校事业发展规划、年度工作计划确定预算编制原则,明确预算

绩效目标，并将绩效目标按职能或任务分解、下达到校内各个预算执行部门。

②预算编制程序。高校应按照上下结合、分级编制、逐级汇总的程序，综合考虑结转和结余情况，按照上级主管部门要求，采用科学、合理的方法编制预算。

③预算编制流程。高校财务部门应综合测算预算年度各项收入，对各单位预算建议数进行审核、汇总，经过充分论证、反复沟通实现收支平衡。对于基本建设工程、大型修缮工程、信息化项目和大宗物资采购等重大事项，应组织对项目的必要性、方案的可行性以及金额的合理性等进行科学论证，必要时应组织相关专家进行论证。

④预算编制审批。高校应当建立健全预算审批管理制度，明确预算审批权限，严格执行“三重一大”程序，逐级审批。学校预算履行审批决策程序后方可上报教育部。

(3)预算执行与调整

①预算下达。高校应将上级批复的预算收入任务和支出指标分解后，下达到预算执行单位。下达任务或指标时应明确每一笔预算资金的经济责任人，确保事权与收入、支出责任相结合。

②预算支出机制。高校应建立“先有预算、后有支出”的预算支出机制，保持预算的稳定性和严肃性。

③结转结余资金管理。加强对结转结余资金管理，制定政策盘活存量资金，建立预算统筹调剂机制。

④预算执行分析。高校应定期提供预算执行情况分析报告，提请预算委员会或类似机构研究预算执行中存在的问题，并提出解决问题的建议方案，按规定程序提交预算决策机构研究审定。

⑤预算调整审批。高校应当建立健全校内预算调整申请与审批程序。对由于工作任务变动等客观因素导致确需增加、减少或取消预算的，应当严格按有关规定履行相应的预算调整审批程序。

⑥预算执行监控。高校应严格按照法律法规组织会计核算和开展会计监督。监督内容包括各预算执行单位是否依法依规组织收入，各类支出是否符合依据、标准、审批权限和使用要求，项目支出预算是否专款专用等。

(4)决算管理

①决算报告编制。高校应建立决算编制审核制度，明确报表编制和资料提供的责任主体、审批权限和时间要求等，确保决算真实、完整、准确、及时，符合有关法律法规要求。

②决算编制前期准备工作。高校在编制年度财务报告前，应当进行必要的固定

资产盘查、债权债务核实、对外投资核对、费用清算、收入催缴等工作，确保财务信息真实完整，全面、如实反映学校年度财务状况和收支情况。

③决算编制审批。高校决算报告编制完成后，应按规定进行程序审批后报教育部批准。经教育部批复后的决算应及时整理归档，永久保存。

④决算分析运用。高校应当加强决算数据分析和分析结果运用工作，科学设置财务分析指标，对学校财务状况、学校与校内各部门财务收支等进行横向与纵向比较，为学校决策提供依据。

(5)预算绩效管理

①预算绩效管理机制。高校应当加强预算绩效管理，建立“预算编制有目标、预算执行有监控、预算完成有评价、评价结果有反馈、反馈结果有应用”的全过程预算绩效管理机制。

②预算考评指标。高校在预算编制时对项目支出和整体支出设置绩效目标。项目支出绩效目标由业务职能部门根据专项发展规划目标设定，整体支出绩效目标由学校根据发展规划目标和年度目标设定。绩效目标应能清晰反映预算资金的预期产出和效益。绩效指标应尽量进行定量表述，不能以量化形式表述的，可采用定性表述，但应具有可衡量性。

③预算绩效自评。预算执行结束后，高校应根据主管部门要求对照确定的绩效目标开展绩效自评，形成相应的自评结果，作为学校预、决算的组成内容和以后年度预算申请、安排的重要基础。

④预算绩效考核。高校应建立对预算绩效目标完成情况的考核机制，并将评价结果与年度考核挂钩，与以后年度预算分配挂钩。

(6)预算监督

①预算审计。高校应组织对年度预算收支执行情况进行审计，并将预算收支审计和绩效评价结果纳入校内各部门主要负责人年度考核和经济责任审计范畴。

②内部监督。高校应通过教代会、校园网等多种渠道向校内公开预决算信息，接受内部监督。

③社会监督。应按照教育部规定主动公开预决算报表及说明，接受社会监督。

2. 资产管理

(1)组织控制

①建立健全资产内部管理制度。高校应根据国家有关规定，对单位资产实行分类管理，按照各类资产的特点、管理中的关键环节和风险点，建立健全各类资产的内

部管理制度。

②合理设置资产管理岗位。高校应当合理设置资产管理岗位，确保关键岗位人员合理配置，切实做到资产业务不相容岗位相互分离、制约和相互监督。

③落实岗位责任制。高校应当合理设置资产管理业务涉及的货币资金、固定资产、存货、无形资产和对外投资控制环节中相关部门和岗位，明确其各自的职责范围、审批权限、工作要求等，并严格落实岗位责任制。

④不相容岗位分离。货币资金业务的不相容岗位至少包括：货币资金支付的审批与执行；货币资金的保管与盘点清查；货币资金的会计记录与审计监督。实物资产业务不相容岗位至少包括：实物资产的预算编制、审批与执行；实物资产的采购、验收与款项支付；实物资产的保管与会计记录；实物资产的处置审批与执行。

无形资产业务的不相容岗位至少包括：无形资产的预算编制、审批与执行；无形资产的取得、验收与款项支付。对外投资业务不相容岗位至少包括：对外投资项目可行性研究与评估；对外投资的决策与执行；对外投资处置的审批与执行。

(2)货币资金

①货币资金岗位责任制。按照不相容岗位分离原则设置货币资金管理岗位，明确岗位职责和权限，建立货币资金管理岗位责任制。尤其加强对出纳人员的管理，对印章的管理，严格履行货币资金授权审批制度。

②货币资金支付控制。严格按照用款前先申请注明款项的用途、金额、预算、限额、支付方式等内容，并附有效原始单据和相关证明，然后审批人根据职责、权限和相应程序对支付申请进行审批，会计人员对审批进行复核，无误后按照规定办理货币资金支付手续，及时登记日记账。

③建立库存现金管理控制机制。高校应当加强现金库存管理，超过库存限额的现金应及时存入银行。合理确定现金开支范围，不属于现金开支范围的业务应当通过银行办理转账结算。现金收入及时存入银行，不得坐收坐支。借出款项必须执行严格的授权批准程序，严禁擅自挪用、借出货币资金。高校应当定期和不定期地进行现金盘点，确保现金账面余额与实际库存相符。发现不符，应查明原因，及时做出处理。

④建立银行账户管理控制机制。高校应当加强银行账户的管理，开立、变更或撤销银行账户要严格按照规定报批、备案。指定专人定期核对银行账户，每月至少核对一次，编制银行存款余额调节表，做到银行存款账面余额与银行对账单调节相符。如调节不符，应查明原因，及时处理。

⑤建立印章管理控制机制。高校应当加强银行预留印鉴的管理。财务专用章应由专人保管，个人名章必须由本人或其授权人员保管。严禁一人保管支付款项所需的全部印章。实行电子支付的高校必须确保系统安全，且建立健全支付权限管理制度，加强分级支付额度管理，银行网银盾和用于财务系统支付的专用密钥及密码必须由本人保管。

⑥建立票据管理控制机制。高校应当加强与取得货币资金相关的票据的管理，明确各种票据的购买、保管、领用、背书转让、注销等环节的职责权限和程序，并专设登记簿进行记录，防止空白票据的遗失和被盗用。

⑦建立货币资金的核查机制。高校取得的货币资金收入必须及时入账，不得私设“小金库”，不得账外设账，严禁收款不入账。

(3)固定资产

①资产管理组织控制。健全实物资产管理组织体系，建立实物资产归口管理、岗位责任、授权审批等控制机制。明确资产使用和保管责任人，落实资产使用人在资产管理中的责任，建立资产台账，保证实物资产的安全与完整。

②资产购置预算编制与支出控制。高校应当加强固定资产购置预算编制与支出管理。资产管理部门应根据学校事业发展规划，会同其他相关部门对需购置资产品名、规格、数量等进行充分论证，按规定程序批准后纳入年度预算。贵重仪器及大型设备的购置还应组织专家进行充分论证。

③资产交付使用验收控制。高校应当建立严格的固定资产交付使用验收制度，验收工作由基本建设、资产管理、监察审计、使用单位等相关部门共同实施。

④资产采购和审批控制。高校应当加强固定资产采购和审批管理。固定资产申请购置部门、资产管理部门、采购管理部门、财务部门、主管校领导等需严格履行资产购置流程并经相关部门审批。符合政府采购条件的，应当执行政府采购。

⑤资产台账控制。高校应当建立健全固定资产账簿登记制度和资产卡片管理制度，完善资产信息管理系统，做好资产的统计、报告、分析工作，确保资产账、账实、账卡相符，并实现对资产的动态管理。财务部门、资产管理和使用部门应当定期核对相关账簿、记录、文件和实物，发现问题应及时报告和处理。贵重资产、危险资产及有保密等特殊要求的资产，应当指定专人保管、专人使用，并规定严格的接触限制条件和审批制度。

⑥资产维修保养控制。高校应当建立固定资产维修保养制度，保证资产正常运行，控制资产维修保养费用，提高资产使用效率。固定资产使用部门负责固定资产日

常维修、保养、定期检查，及时消除风险。固定资产需要大修的，应由资产管理部门、使用部门共同组织评估，提出维修方案，经单位负责人或其授权人员批准后实施。

⑦资产出租出借控制。高校应当建立健全固定资产出租出借管理制度，明确归口管理部门，建立严格的出租出借审批程序。凡需报上级主管部门备案或审批的，应按规定及时办理备案或报批手续。

⑧资产定期盘点控制。高校应当建立固定资产定期盘点制度，明确资产盘点的范围、期限和组织程序，定期或不定期地进行盘点。发现账实不符的，应编制资产盘盈、盘亏表并查明原因，追究责任，妥善处理。

⑨资产报废与处置控制。高校应当加强固定资产处置控制。组织相关部门或专业人员对固定资产的处置依据、处置方式、处置价格等进行审核，处置价款应当及时、足额地收取并及时入账。处置价款扣除相应税金、费用等后，应当及时上缴中央国库，实行“收支两条线”管理。建立实物资产购置预算、请购审批、取得验收、领用登记以及内部调剂等方面的控制机制。

(4)无形资产

①无形资产制度控制。高校应当加强对品牌、商标、专利、专有技术、土地使用权等无形资产的管理，分类制定无形资产管理办法，落实无形资产管理责任制，促进无形资产有效利用，充分发挥无形资产对提升高校核心竞争力的作用。

②无形资产取得控制。高校应当全面梳理外购、自行研发以及其他方式取得的各类无形资产的权属关系，加强无形资产权益保护，防范侵权行为和法律风险。无形资产具有保密性质的，应当采取严格保密措施，严防泄露商业秘密。高校购入或者以支付土地出让金等方式取得的土地使用权，应当取得土地使用权有效证明文件。

③无形资产清查控制。高校应当定期对专利、专有技术等无形资产及校名、校誉的使用情况进行清查和规范，切实维护和提升高校的社会认可度。

④无形资产处置控制。高校应明确无形资产处置的范围、标准、程序和审批权限，并严格按照处置程序进行无形资产处置业务。

(5)对外投资

①投资管理组织控制。高校应当加强对外投资立项与决策环节的控制，审慎选择对外投资项目，组织相关部门或人员对投资建议项目进行分析与论证，对投资项目进行可行性研究及评估，实行集体决策并书面记录。严禁任何个人擅自决定对外投资或者改变集体决策意见。

②投资执行控制。高校应当加强对外投资执行控制。制定对外投资实施方案,明确出资时间、金额、出资方式及责任人员等内容。对外投资实施方案及方案的变更,应当经学校最高决策机构审查批准,由其授权人员执行。按规定应当报教育部审批或备案的,应当履行相应程序。加强对外投资项目的追踪管理,及时、全面、准确地记录对外投资的价值变动和投资收益。同时加强投资收益的控制,对外投资获取的股利、股息以及其他收益,均应纳入学校财务核算,严禁设置账外账。

③投资处置控制。高校应当加强对外投资处置控制。对外投资的收回、转让与核销,应经集体审议批准并按规定权限报批报备。对应收回的对外投资资产,要及时足额收取;转让对外投资应进行评估以合理确定转让价格,并报授权批准部门批准;核销对外投资,应取得因被投资单位破产等原因不能收回投资的法律文书和证明文件。对外投资按规定应当报教育部审批或备案的,应当履行相应程序;处置收入应当上缴国家的,应当及时上缴国库。

④投资监管控制。高校应当加强对外投资监管。建立对外投资内部控制的监督检查制度,明确监督检查机构或人员的职责权限,定期或不定期地进行检查。对监督检查过程中发现的问题,应当及时报告,查明原因,采取措施加以纠正和完善。

⑤责任追究制度。高校应当建立对外投资责任追究制度。对在对外投资中出现重大决策失误、未履行集体决策程序和不按规定执行对外投资业务的部门及人员,追究相应的责任。

(6)其他资产

①存货控制。高校原则上应将耗用数量多、价值大的原材料、办公用品、低值易耗品、大宗物资等作为存货管理。明确相关部门和岗位的职责,做到不相容岗位相互分离。规范存货出入库管理流程,防范存货管理风险。

②应收及预付款控制。高校应加强应收及预付款的管理,建立严格的授权审批程序,明确相关部门和人员的职责。财务部门应加强应收及预付款项的账龄分析,及时提醒相关部门履行职责。对于逾期三年以有确凿证据无法收回的应收及预付款项,按规定的权限和程序报批后予以核销。建立责任追究制度,对到期无法收回的应收及预付款项,严格按制度追究责任。

3.债务管理

(1)组织控制

①债务管理组织控制。高校应当建立健全与债务相关的决策机制。拟筹资项目的建设方案(含用款计划)、筹资方案和还本付息方案等需经学校集体决策批准后,按

规定程序报教育部和财政部核准。

②债务业务归口管理部门。高校应当明确债务业务归口管理部门,分别负责拟筹资项目的建设方案(含用款计划)、筹资方案和还本付息方案的起草和可行性论证以及债务的举借和归还。

③不相容岗位控制。高校应当设置岗位分别负责债务核算和债务清理,二者为不相容岗位。

(2)债务的形成

①债务可行性论证。高校应当在对拟筹资项目的可行性进行充分论证的基础上,严格审核筹资方案和还本付息方案,评估学校的偿债能力和财务风险控制水平。筹资方案发生重大变更的,应当重新进行可行性研究并履行相应审批程序。

②债务合同。高校应当与银行等金融机构进行洽谈,明确相关的权利义务和违约责任等内容,并签署借款合同,依合同办理相关借款业务。

③债务资金使用控制。高校应当在批准的筹资方案内,结合建设项目用款需求,确定具体借款时点和金额,严格按照规定使用借款资金。

(3)债务的使用与偿还

①债务资金使用控制。高校应当及时确认债务,分类登记入账,如实反映债务情况。高校应当严格按照审批用途使用资金,防范和控制资金使用风险。

②债务资金偿还控制。高校应当按照筹资方案或合同约定的本金、利率、期限、汇率及币种,准确计算并按时还本付息。高校应加强债务偿还管理,对偿还本息等作出适当安排,设立还本付息准备金,在贷款期限内每年安排还本付息准备金,用于到期偿还贷款本息确实无法偿付的,应及时登记入账。

(4)债务的清理和档案保管

①债务清理控制。高校应当加强债务的对账和检查控制,定期与债权人核对债务余额。

②债务档案保管控制。高校应当建立债务统计台账,构建债务基本情况动态数据库,实时反映债务信息。高校应当加强对债务业务的记录控制,妥善保管借款合同、收款凭证、还款凭证等资料,及时整理归档。

4. 收入管理

(1)组织控制

①制定收入管理制度。高校应当建立健全与收入相关的管理机制和监督检查制度,确定收入归口管理部门和收入执收主体,明确各自职责、分工和权限。

②收入归口管理和岗位责任制。高校财务部门作为收入归口管理部门,负责收费项目立项与标准核定、收入确认、收入核算与结算分配、收款和票据管理等工作。高校其他业务部门作为收入执收主体,负责根据财务部门批准的收费项目与标准收费,及时向财务部门递交相关收入业务合同,按时完成各项收入预算等。

③不相容岗位控制。高校的收款与收费审查、收入核算、结算分配等岗位,收费审查和监督与收入核算、结算分配等岗位,票据管理与收入核算、结算分配等岗位为不相容岗位,应分别设置并相互分离,以形成相互制衡机制。

(2)收入管理

①收入依据。高校各项收入的取得应符合国家有关法律法规和政策规定。具体的收入项目、范围与标准,应根据政府部门的文件、项目立项任务书、经济合同等确定。

②落实"收支两条线"管理。高校的各项收入都要纳入学校预算管理,收入款项必须全额进入学校规定的银行账户,实行统一管理,统一核算,做到全面、真实、准确。高校不得"以收抵支",严禁设立账外账,严禁以个人名义取得学校收入。

③非税收入管理。高校应当加强各类非税收入管理。严格按照规定的收费项目和标准收费,按照规定开具财政票据。所收取的各类非税收入,应当及时、足额上缴国库或财政专户,做到收缴分离、票款一致,不得以任何形式截留、挪用或者私分。

④应收项目清理。高校各业务部门应当严格按照合同管理要求签订合同,并在签订涉及收入的合同协议后,及时将合同等有关材料提交财务部门作为取得收入及账务处理依据,确保各项收入应收尽收、及时入账。财务部门应当定期检查收入金额是否与合同约定相符;对应收未收项目应查明情况,明确责任主体,落实催收责任。

⑤收入退付管理。高校应当建立健全收入退付管理制度。将收取的款项退回交款单位或个人时,应当严格执行相应的审批程序。

(3)票据管理

①建立票据管理制度。高校应建立健全收入票据管理制度。明确规定财政票据、税务发票等各类收入票据的使用范围,及其申领、启用、保管、核销、销毁应履行的手续。

②建立票据申领、管理、核销机制。高校明确规定收入票据保管、登记、使用和检查的责任。对收入票据实行专人、专账、专柜管理。票据专管人员应配置单独的保险柜等保管设备,并做到人走柜锁,建立票据台账,做好票据的保管和序时登记工作。

③票据监督管理。高校不得违反规定转让、出借、代开、买卖财政票据、税务发票

等收入票据,不得擅自扩大票据使用范围,不得开具虚假票据。不得超范围出具票据或重复开具票据。

5.支出管理

(1)组织控制

①制定支出管理制度。高校应当建立健全与支出相关的决策、审批与监督机制。年度支出预算、重大项目和大额资金使用等应按规定权限履行审批程序。

②支出归口管理和岗位责任制。发生支出业务的部门或项目组为支出归口管理单位,支出归口管理单位负责人对本部门(或项目)经费的使用和管理负责。支出归口管理单位应当根据事业发展规划、项目任务书等编制支出预算;严格按批准的预算使用资金,确保预算执行进度与业务开展进度相匹配;及时报告特殊支出事项,按规定编制经费决算。

③岗位设置。高校财务部门应合理设置审核、复核和出纳等岗位。根据管理需要,也可设置会计稽核岗位。

④不相容岗位控制。支出申请和内部审批、付款审批和付款执行、业务经办和会计审核、会计审核和会计复核、会计复核和会计稽核等互不相容岗位。

(2)支出管理

①支出审批控制。高校应当建立健全各级单位支出的内部审批权限、程序、责任和相关控制措施。重大财务决策、重要项目资金安排和大额资金的使用,必须实施集体决策。各级审批人员应当在授权范围内审批,不得越权审批。根据需要可在财务负责人签字批准前设立业务负责人审签制度。在项目负责人为业务负责人或经办人时,实行复签制度。高校应当设立大额资金分级审批制度,根据支付金额大小分别由各级财务人员、总会计师(分管财务工作校领导)、校长审批确认。

②支出审核控制。高校应当全面审核支出业务。重点审核支出事项是否纳入预算,是否与预算相符,是否超出开支范围或开支标准等,是否按规定履行审批程序等。加强和规范支出业务涉及的各类单据的审核。重点审核单据来源是否合法,内容是否真实、完整,使用是否准确,签章是否齐全、完整,是否能够如实反映经济活动,是否存在使用虚假票据套取资金等情形。发现虚假发票的,应查明原因,根据情节轻重及时报告处理。

③支付控制。高校应当完善付款流程,明确付款审核人的责任和权力,加强付款的管理。高校支付款项时应核实使用资金的类型,正确选用支付方式并规范使用。应当严格按规定范围使用现金结算,严格执行公务卡结算制度和国库集中支付制度。

高校应当对已经签发的支付凭证及时、准确地进行登记。高校应当重视工程、设备采购付款的过程控制和跟踪管理，发现异常情况的，应当拒绝付款，避免出现资金损失。

④核算与归档控制。高校应当按照会计制度将支出事项准确、及时地进行确认和计量。高校应当妥善保管支出业务相关合同或协议、付款凭证等票据，及时整理装订成册归档。

⑤支出分析管理机制。高校财务部门应当定期编制单位支出业务预算执行情况管理报告，为单位领导管理决策提供信息支撑。

6.合同管理

(1)组织控制

①设置合同业务岗位。根据不相容岗位相互分离原则合理设置合同业务岗位，明确岗位职责、权限。在岗位授权范围内进行合同洽谈、拟订合同文本并落实合同的履行，确保合同签署目的的实现。

②合同专用章保管和使用。合同专用章应当由专人妥善保管和使用。合同签订、合同执行和付款审批，合同签订和合同专用章保管分别为不相容岗位。不得由同一人办理合同签订、收付款业务。

(2)合同订立

①合同前期准备控制。高校在合同订立前应当充分了解合同对方的主体资格、资质证明、信用状况、生产能力等有关内容，确保对方当事人具备履约能力。对于影响重大、专业技术或法律关系复杂的合同，高校应当组织法律、技术、财务等专业人员参与谈判，必要时可聘请外部专家参与相关工作。

②合同谈判控制。合同协商或谈判过程中的重要事项和参与谈判人员的主要意见，应当予以记录并妥善保存。

③合同文本拟订控制。高校对外发生经济行为，除即时结清方式或按规定可不签订合同外，应当订立书面合同，明确双方权利义务。高校不得签订经济担保合同，未经批准不得签订投资合同和借贷合同，严禁未经授权擅自以学校名义对外签订合同。合同文本一般由业务承办部门起草、法律部门审核，重大合同或法律关系复杂的特殊合同应当由法律部门参与起草，并实行会审制度。国家或行业有合同标准文本的，应当优先选用，但对涉及权利义务关系的条款应当进行认真审查，并根据实际情况进行适当修改。

④合同审核控制。学校可根据管理需要确定制式合同的范围、内容等，经法律部门审核后使用，如无修改，可不再重复审核。合同文本须报经国家有关主管部门审查

或备案的，应当履行相应程序。高校应当加强合同印章的管理，并为经编号、审批及法定代表人或由其授权的代理人签署的合同文本加盖合同印章。

（3）合同履行

①建立合同履行监控机制。高校应当建立合同履行监督审查制度，对合同履行实施有效监控，敦促对方积极执行合同，确保合同全面有效履行。

②合同变更控制机制。在合同履行过程中发现有显失公平、条款有误或对方有欺诈行为等情形，或因政策调整、市场变化等客观因素，已经或可能导致学校利益受损，学校相关合同执行主体应当立即采取相应措施，按规定程序及时报告，按照规定权限和程序办理合同补充、变更或解除事宜，将损失降到最低。变更或补充后的合同视同新合同，需重新履行相应的合同管理程序。

③建立合同纠纷控制机制。高校应当建立合同纠纷处理的有效机制，加强合同纠纷管理。合同纠纷经协商无法解决的，应当根据合同约定选择仲裁或诉讼方式解决。高校处理合同纠纷时应书面授权有关部门或个人办理，未经授权不得向对方做出实质性答复或承诺。

④建立合同结算控制机制。高校财务部门办理结算业务并进行账务处理时应审核合同有关付款条款，按照合同约定付款。未按合同条款履约或应签订书面合同而未签订的，财务部门有权拒绝付款，并及时向学校有关负责人报告。

（4）合同归档

①合同信息安全保密控制。高校应当加强合同信息安全保密工作，未经批准，任何人不得以任何形式泄露合同订立与履行过程中涉及的国家机密、工作秘密或商业秘密。

②合同保管与归档控制。高校合同归口管理部门应当加强合同登记管理，充分利用信息化手段，建立合同文本统一分类和连续编号制度，定期对合同进行统计、分类和归档，合同终结应及时办理销号和归档手续。高校合同归口管理部门应当规范合同管理人员职责，明确合同流转、借阅和归还的职责权限和审批程序等有关要求，实施合同管理的责任追究制度，并对合同保管情况进行定期和不定期的检查。

③合同管理检查评估。高校应当建立合同履行情况评估制度，至少于每年年末对合同履行的总体情况和重大合同履行的具体情况进行分析评估，对分析评估中发现合同履行中存在的不足，应当及时加以改进。

7.采购管理

（1）组织控制

①组织管理控制。高校应当设置专门的采购管理机构或明确归口管理部门，统

一管理学校的采购业务活动。并建立采购管理、资产管理、财务、审计、纪检监察等部门或岗位相互协调、相互制约的机制。

②岗位设置与岗位责任。高校应当设置采购计划编制、采购预算审批、采购执行、合同审查、验收、付款、档案管理、采购监督等采购业务管理岗位,并明确采购业务管理中相关岗位的职责与权限。

③不相容岗位分离。高校应当确保采购计划制订与预算审批、招标文件准备与复核、合同签订与验收、预算审批与付款、验收与保管、采购执行与采购监督等不相容岗位相互分离。

(2)计划与预算

①采购申请审批制度。高校应当建立健全采购申请审批制度,明确相应的请购和审批程序。

②采购计划。高校采购管理部门应当根据实际需求和相关标准,统筹安排采购计划,合理确定采购批次,提高采购业务效率,降低采购成本。对贵重资产的购置应当组织专家组进行论证,不得超出实际需求超标准配置。

③预算审核。高校财务部门应当加强对采购计划的预算审查,重点关注采购计划是否经归口管理部门确认,是否列入预算范围内等。

(3)采购活动

①采购方式。高校采购管理部门应当根据法律法规,选择公开招标、邀请招标、竞争性谈判、竞争性磋商采购、单一来源采购、询价等政府采购方式。对于变更政府采购方式的事项,应当加强内部审核,严格履行审批手续。高校对大宗货物和服务采购应当采用公开招标方式。高校采购管理部门要加强对单一来源采购方式的审查,严格程序,将采购项目信息和唯一供应商名称在指定的媒体公示。

②供应商选择与确定。高校应当建立科学的供应商准入和评估制度,建立与完善供应商管理信息系统,对供应商提供物资或劳务的质量、价格、交货及时性、供货条件及其资信、经营状况等进行实时管理和综合评价,根据评价结果对供应商进行合理选择和动态调整。

③价格选择机制和招标评标方法。高校采购管理部门应当科学合理确定采购业务的价格选择机制和招标评标方法。对技术、服务等标准统一的货物和服务项目,应当采用最低评价标价法;对技术、服务相对复杂、要求高的货物和服务,可采取综合评分法。

④采购合同审查管理。高校应当根据《应用指南第 7 号——合同管理》要求,加强对采购合同的审查管理,对拟签订合同的供应商的主体资格、信用状况等进行风险

评估，按照规定权限签署采购合同。对于影响重大、涉及较高专业技术或法律关系复杂的合同，应当组织法律、技术、财务等专业人员参与谈判。

⑤涉密采购业务。高校对涉密的采购业务项目，应当加强安全保密管理，与相关供应商或采购中介机构签订保密协议或者在合同中设定保密条款。

⑥进口产品业务。高校应当按照法律法规严格对采购进口产品进行审查并严格履行审批手续。

⑦招投标控制。高校应当根据“公开、公正、公平”的原则组织招投标活动，单位应按照标前准备、编制招标文件、确定标底、发布招标公告或投标邀请函、资格预审的程序开展政府采购招投标工作，规范招标、投标、开标、评标、中标流程。

(4)采购验收

①建立采购验收制度。高校应当建立严格的采购验收制度。大型或者复杂的采购项目，应当邀请国家认可的质量检测机构参加验收工作。

②验收异常处理。对于验收过程中发现的异常情况，验收机构应当查明原因并及时处理。对于不合格货物，相关部门依据检验结果办理退货、索赔等事宜。对延迟交货造成教学科研等损失的，采购管理部门要按照合同约定索赔。

(5)采购支付

①付款管理。高校应当加强采购付款的管理，完善付款流程，严格审核采购预算、合同、相关单据凭证、审批程序等相关内容，特别是采购发票等票据的真实性、合法性和有效性，审核无误后按照合同规定付款。

②过程控制和跟踪管理。高校应当重视采购付款的过程控制和跟踪管理，涉及大额或长期的预付款项，应当定期进行追踪核查，及时办理核销手续。发现有疑问的预付款项，应当及时采取措施，尽快收回款项；发现其他异常情况，应当拒绝向供应商付款，避免出现资金损失。

(6)采购归档

①采购记录控制。高校应当加强对采购业务的记录控制，制定学校采购业务档案管理制度，明确相关采购业务的归档范围和保管期限，确保采购过程的可追溯性。

②采购资料归档。高校应当妥善保管采购预算与计划、各类批复文件、招投标文件、评标文件、合同文本、验收证明等采购业务相关资料，不得伪造、隐匿或者销毁。

8. 工程项目管理

(1)组织控制

①建立健全项目内部管理制度。高校应建立和完善与工程项目相关的决策、执

行与监督相互分离、相互制约机制。工程项目立项、概预算等与工程项目相关的重要事项，应按照规定的权限和程序由学校领导班子集体决策。决策过程应有完整的书面记录。任何个人不得单独决策或者擅自改变集体决策意见。

②归口管理部门和岗位职责权限。高校应当明确基建和修缮工程归口管理部门和岗位的职责权限，按照不相容岗位分离原则合理设置岗位。

③不相容岗位控制。工程项目不相容岗位包括：项目建议和可行性研究与项目决策、概预算编制与审核、项目实施与招标、项目实施与价款支付、竣工决算与竣工审计等。

(2)项目管理

①立项管理控制机制。高校应当委托有相应资质的单位编制校园建设总体规划，并将其作为开展工程项目建设的基本依据。校园总体规划的编制应当经过科学论证、集体决策，并依照有关规定经相关部门批准后报教育部备案。

②设立程序控制机制。高校基本建设工程应当严格履行教育部规定的基本建设程序，在项目实施前委托具有相应资质的专业机构，对项目实施的必要性与可行性进行研究与论证，形成项目可行性研究报告报教育部审批。并根据教育部批复的可行性研究报告编制项目设计任务书、设计方案和项目概预算。高校应当在获得立项批复后才能实施基本建设工程。

③可行性研究与论证控制机制。高校的大型修缮以及基础设施建设和改造工程在实施前应根据相关规定，组织相关专家开展必要的可行性研究与论证，制定具体实施方案，并按规定经学校或有关政府部门批准后方可实施。

④招标控制机制。高校应加强工程项目招标管理。凡达到招标金额规定的工程项目必须按规定公开招标，择优选择具有相应资质的工程项目勘察、设计、施工、监理等单位。招标应按招投标法和工程项目招投标相关的规定组织实施。

⑤建设项目监理控制机制。高校应当严格按照批复文件实施工程项目，依法委托具有相应资质的监理单位对工程项目进行监理，并加强对工程监理单位的监督。

⑥合同管理控制机制。高校应加强工程项目的合同管理。高校应在规定的期限内与中标人订立书面合同，明确双方的权利、义务和违约责任。合同应涉及合同主体、质量标准、安全、进度、结算、变更、工程价款、履约担保、索赔、保修等核心条款。

⑦工程造价控制机制。高校应当加强工程造价管理，明确初步设计概算和施工图预算的编制方法，按照规定的权限和程序进行审核批准，确保概预算科学合理。

⑧概预算控制机制。高校应组织工程、技术、财会等部门的相关专业人员或者委

托具有相应资质的中介机构对工程项目的概预算进行审核，重点审查编制依据、项目内容、工程量的计算、定额套用等是否真实、完整和准确。工程项目概预算按照规定的权限和程序审核批准后执行。

⑨建立项目变更控制机制。高校应严格控制项目变更，确需变更的，应按照规定的权限和程序进行审批。重大的工程变更应按照项目决策和概预算控制的有关程序和要求重新履行审批手续。

⑩竣工验收控制机制。高校应当及时组织工程项目竣工验收。对符合竣工验收条件的工程项目，组织施工、设计、使用单位、监理单位及校内相关职能部门进行竣工验收。根据有关规定需要进行专项验收的，应配合相关部门做好专项验收工作。

⑪竣工决算控制机制。工程项目竣工验收后，高校应当按照规定的时限及时办理竣工决算，组织竣工决算审计，并根据批复的竣工决算和有关规定办理工程项目档案和资产移交等工作。工程项目已实际投入使用但超时限未办理竣工决算的，高校应根据项目的实际投资暂估入账，转作相关资产管理。

⑫建设项目后评估控制机制。高校应当建立完工项目后评价制度。根据有关规定要求，结合实际情况，对项目建成后所达到的实际效果进行绩效评价，并以此作为绩效考核和责任追究的依据。

(3)资金管理

①工程投资控制与概预算控制机制。高校应实行严格的工程投资控制与概预算管理。经批准的项目概算是项目投资的最高限额，不得随意突破。如必须调整，应按照规定报批。

②项目资金预算控制机制。高校应加强建设项目资金管理，所有工程项目资金纳入学校预算管理，资金实行专款专用，严禁截留、挪用和超批复内容使用资金。

③项目资金支付与审批控制机制。高校应建立健全工程款支付管理办法和审批程序，实行工程款支付“两支笔”会签制度。并根据合同条款规定和项目实施进度，按照规定的审批权限和程序及时办理价款结算。实行国库集中支付的建设项目，应按照财政国库管理制度规定支付资金。因工程项目实施内容变更等原因造成价款支付方式及金额发生变动的，应当严格执行国家有关管理规定，及时签订工程项目合同价款补充协议，并对工程变更价款的支付进行严格审核。

9.科研项目管理

(1)组织控制

①建立健全科研管理体制。高校应当建立健全“统一领导、分级管理、责任到人”

的科研管理体制，明确学校、院（系）、项目负责人在科研项目管理方面各自的职责和权限。

②归口管理部门。高校应当建立健全科研项目归口管理制度，科研项目申报、科研项目任务书或科技合同的签订等应由学校科研管理部门归口管理，科研经费应由学校财务部门归口管理。

③不相容岗位控制。高校应当合理设置科研项目管理岗位，确保项目申请、论证、立项审批、合同管理、经费管理等不相容岗位相互分离。

(2)项目管理

①立项管理控制机制。高校应围绕学校事业发展规划，结合学校科研保障条件和科研能力，组织开展科研项目申报和科研合作。在选择具体科研项目时，应组织必要的可行性论证，确保科研方向准确、技术可行、预算合理、目标可实现，并要确保申请材料内容真实、准确。

②合同管理控制机制。高校应加强科研项目的合同管理。科研项目任务书和科研合同应由科研管理部门归口审核与签订。重大科技项目合同或条款应组织财务、资产、法律等部门进行会审。

③过程管理控制机制。高校应加强对科研项目研究过程的管理，学校要依据项目合同（任务书）的预期目标和要求，督促科研人员按进度完成研究内容。对于涉及项目实施过程中研究目标、研究内容、研究进度和执行期、主要研究人员、合作单位等重大事项的变更，要组织专家论证，并按规定办理审批手续。

④检查和验收控制机制。高校应建立和完善项目检查和验收制度，应按有关规定或合同的要求，督促项目负责人按时提交验收或结题申请，认真审核验收材料，按时组织开展科研项目结项验收，保证按期完成结题验收工作。

⑤资料档案控制机制。高校应规范科研项目资料档案管理。确保科研项目资料档案的完整性、准确性和系统性。并在符合国家相关规定的前提下，建立科研档案资料的共享机制。

⑥成果与知识产权控制机制。高校应注重成果与知识产权管理，积极创造条件，鼓励科研项目成果的保护、转化、应用及申报知识产权。建立健全知识产权申报、转让、使用信息登记制度，保障学校和研究人员的合法权益。

⑦科研绩效评价控制机制。高校应建立健全科研绩效评价制度。要建立以创新质量和贡献为导向的科研项目考核、评价和奖励制度，并通过合理运用绩效评价结

果，激发科研人员的热情，提高科研经费使用效益。

(3)资金管理

①收入控制机制。高校所有科研项目资金应作为学校收入纳入预算，由财务部门归口管理与核算。科研管理部门应及时将已批复或已签订的科研项目任务书或合同交财务处，以确保项目经费按时全额到位。项目负责人必须确保已开具收入票据的各类科研项目资金，及时拨入学校指定的银行账户。

②预算控制机制。高校应加强科研项目预算编制、执行与调整的管理。科研项目申报前应按照目标相关性、政策相符性和经济合理性的原则，科学、合理、真实地编制项目预算。对于重大科技项目，学校应建立预算评审制度，组织校内相关职能部门、咨询专家或中介机构对项目预算进行评审，提出预算审核建议。科研项目立项后，高校应严格执行批复的项目预算。对于确需调整预算的科研项目，学校在规定权限范围内应按规定明确项目预算调整范围、金额和审批流程及审批权限。

③支出控制机制。高校应完善与强化科研项目资金支出管理。严格执行科研项目支出预算，明确各类科研支出审批流程与权限。严格履行支出申请、审批、招标采购、资产验收等程序，按照经费开支范围和标准使用科研项目资金。

④资金外拨业务控制机制。高校应加强科研项目资金外拨业务的管理。应对科研合作单位资质进行审查，并与通过资质审查的合作单位签订书面合作研究合同。科研项目外拨资金应当以合作(外协)项目合同为依据，严格按照合同约定的外拨经费额度、拨付方式、开户银行和账号等条款办理。

⑤结转结余资金控制机制。高校应加强科研项目结转结余资金的管理。科研项目未结项验收前，其资金收支余额应作为项目结转资金继续使用。项目验收结项后，高校应及时办理科研项目资金决算与结账手续，科研项目的结余资金应按规定及时处理。

⑥监督检查控制机制。高校应建立健全科研经费的监督检查机制。健全包括审计、监察、财政、科技等学校职能部门，主管部门和社会中介机构在内的科研经费监督体系，建立科研项目的财务审计与财务验收制度。

10. 专项项目管理

(1)组织控制

①建立健全财政专项管理体制。高校应当建立健全财政专项项目决策、执行与监督相互分工、相互制约的管理体制。按照不同类项目的特点与建设要求，明确各类项目的归口管理部门及其管理范围和职责。

②不相容岗位控制。高校应当建立健全项目关键岗位管理制度，按照不相容岗位分离原则合理设置岗位。项目管理的不相容岗位包括：项目立项与决策、预算编制与审核、项目招标与采购、项目实施与价款支付、项目验收与评价等。

(2)项目立项

①立项管理控制机制。高校应当建立健全项目立项管理制度。根据学校事业发展规划，结合各类财政专项资金投入方向，科学规范项目设置，避免重复立项与重复建设。应明确各类项目建设内容、建设重点，明确项目申请、评审、立项和审批程序。

②项目评审控制机制。高校应当建立项目评审制度，项目归口管理部门应当组织校内外专家，或委托具有相应资质的专业机构对拟立项项目进行论证与评审，并以此作为项目决策的重要依据。

③项目决策控制机制。高校应当健全与项目相关的议事决策机制，按照规定的权限和程序对项目进行授权决策，重大项目的立项，由学校集体研究决策。严禁任何人单独决策或者擅自改变集体决策意见。项目决策失误应当实行责任追究制度。

④项目库管理控制机制。高校应当建立项目库管理制度，经立项、评审、决策的项目应当按要求纳入项目库，项目库实行动态管理，建立项目清理与退出机制。各高校应根据年度工作计划，按轻重缓急、择优遴选，进行合理排序。

(3)项目实施

①项目过程管理控制机制。应当加强对项目实施过程的监控，各归口管理部门应加强人员配备，保障资金，落实责任，积极跟踪和推进项目实施进度，确保项目按时实现预定建设目标。

②项目预算控制机制。高校财务管理部门应当按照项目批复及时下达预算，加强项目预算控制，确保支出内容与项目内容的一致性。防止截留、挪用和超预算、超批复内容使用资金。

③项目调整控制机制。高校应当建立健全项目管理机制，在项目实施过程中，如发生项目变更、终止的，必须按照规定的程序报批，并根据批复进行相应的调整。重大的项目变更应当按照项目决策和预算管理的有关程序和要求重新履行审批手续。

(4)项目绩效评价

①建立项目绩效评价制度。高校应当按规定制定项目绩效评价实施办法，做好项目绩效评价工作，并注重对评价结果的应用，建立追责问效和奖惩机制。

②信息公开控制机制。高校应当制定项目绩效评价结果的信息公开制度，将项目绩效评价结果在一定范围内公开。

(5)监督检查与验收

①监督检查和建立验收制度。高校应当建立健全项目的监督检查和验收制度,对项目实施的全过程和完成结果进行监督、检查与验收。

②项目档案管理控制机制。高校应按规定建立项目档案管理制度,及时收集、整理项目立项、论证、中期检查与项目验收、绩效评价等各环节的文件资料,保障项目档案的完整性、规范性。

11.经济活动信息化管理

(1)组织控制

①建立经济活动信息化建设制度。高校经济活动信息化建设应纳入学校管理信息系统的统一规划,对各类经济活动涉及的信息系统实施归口管理。归口管理部门应在学校信息化总体规划的框架下,负责完成不同经济活动信息系统间的协同建设、对接与整合工作。

②岗位设置与责任分工。高校应设立专门的信息化技术支撑部门,具体负责与经济活动相关的各类信息系统的开发、运行、维护和安全保障。负责建立统一规范的数据共享平台,负责统一与经济活动相关信息系统间的数据标准,实现各系统间数据共享。高校经济活动涉及的财务、人事、教务、科研、资产等主要业务管理部门具体负责本部门信息系统建设、实施和维护;并负责将本部门信息系统纳入归口管理部门的统一管理与协调之内;负责本部门涉及的数据和接口符合标准化要求。高校在经济活动信息化建设中,应明确不相容部门的职责,建立归口管理部门、技术支撑部门、业务管理部门相互合作与制约的工作机制。

③不相容岗位控制。高校经济活动信息化建设工作中,信息系统规划论证与审批,运行维护与系统监控,系统设计开发与系统验收等为不相容岗位。

(2)标准化建设

①业务流程控制机制。高校应当规范各类经济活动的业务流程,理清业务流程所涉及的岗位职责,同时兼顾成本与效益原则,将业务流程的关键环节合理地嵌入信息系统中。

②数据共享与交互标准控制机制。高校信息系统归口管理部门应当制定统一的数据共享与交互标准。各经济活动信息系统应当按统一标准建设以实现数据共享与交互。对于时效性要求较高的数据,应当采用实时共享或交互模式,并加强其准确性管理,发生错误时应及时有效地纠正。

③标准化执行控制机制。高校经济活动信息化过程中,相关部门及人员应当在

业务流程中严格按照自身岗位操作规范要求，遵守相关业务流程标准及数据标准，并承担相应的责任。

(3)系统开发与设计

①信息化建设规划控制机制。高校应当从全局角度对经济活动(包括资产、财务、审计、采购、基建、工程、合同等)的信息化建设进行整体规划，充分考虑经济活动内部控制环节及未来业务发展变化，在整体框架下，进一步优化已有信息系统，及时开发业务需要的新系统，实现不同系统间的信息共享，提高工作效率，防范风险。

②开发方式控制机制。高校开发经济活动信息系统，可以采取部门自行开发、校内多部门联合开发、直接外购商业软件、委托外单位定制开发等方式。高校应当充分评估选定方式的开发及维护风险，并做好风险处理预案。

选定外购商业软件、委托外单位定制开发方式的，应当按规定择优确定供应商或开发单位。

③验收与上线运行控制机制。高校应当建立信息系统验收及上线运行机制。高校应组织专家评审小组联合经济活动相关业务部门对信息系统进行测试、评估、验收。涉及新旧系统切换的，应制订详细的数据迁移计划，建立应急预案，确保新旧系统顺利切换和平稳衔接。经济活动相关业务部门应对经办人员进行全面的培训，以保证数据录入的真实性、及时性和完整性，避免人为操作风险。

(4)系统运行与维护

①授权管理控制机制。高校应根据业务性质、重要性程度、涉密情况等确定信息系统的安全等级，建立不同等级信息的授权使用制度，实行严格的授权管理、授权申请及审批。各岗位权限应合理控制并相互制约，严禁设置全功能的超级用户，严格控制系统维护的临时用户。所有操作人员应在权限范围内进行操作，并对本人的账号、密码严格保密。

②系统维护控制机制。高校应建立技术支撑部门和业务管理部门两级维护机制，对信息系统进行定期维护。技术支撑部门负责信息系统的一般维护，及时对计算机硬件和通信设备进行检修，积极采取预防性措施，确保系统运行环境的稳定性。业务管理部门负责系统数据的更新和检查，确保数据的及时性、准确性和完备性。要有定期维护制度，并做好运行维护记录和应急事故处理记录。

③升级改造控制机制。高校经济活动信息化建设应根据学校经济活动实际管理和相关部门业务变更等要求及时进行升级改造。升级改造需注重实用性和兼容性，避免出现各部门重复建设的浪费现象。

④系统监控控制机制。高校应运用信息化管理工具对系统的合理性、数据的准确性、操作的规范性进行监控和反馈。系统升级改造、数据更新和有关经济活动关键环节的系统操作应当自动保存不可删除的可追溯的记录。

(5)安全保障

①服务器托管控制机制。高校应当建立服务器托管机制，设立统一集成的服务器管理中心，由技术支撑部门负责统一管理和维护。经济活动相关的各业务部门负责维护本部门的客户端机器及相关设备，确保相关物理环境能够达到要求，并指定专人负责检查和及时处理异常情况。

②数据备份控制机制。高校应明确数据备份范围、频度、方法、责任人、存放地点、有效性检查等内容，根据各类经济活动的业务要求选择适当的备份频度备份系统数据，备份周期最长不得超过一个月。备份数据应当做到异地存放，责任人应当定期检查备份数据是否正常可用。

③运行环境安全控制机制。高校应适当建立局域网运行环境安全管理机制。保密要求较高的信息系统，应当通过相对独立的局域网运行，严格管理局域网内的服务器、客户端、网络设备等相关硬件，不得安装接入与信息系统无关的软硬件设备，并定期检测局域网内病毒等恶意软件。

④网络安全控制机制。高校应当建立有效的网络安全机制。可以利用防火墙、路由器等网络设备，使用访问授权控制等方式，加强网络安全。在符合保密规定的前提下，可以引入拥有相关资质的第三方专业机构对高校网络安全进行定期检测。对于通过网络传输的涉密或关键数据，高校应当通过加密验证等方式，加强各部门间数据共享接口的安全管理，防止相关数据接口被非法访问，确保信息传递的保密性、准确性和完整性。

12. 所属企业管理

(1)组织控制

①建立健全对外投资管理体制。学校应当加强对学校对外投资行为的管理，建立健全学校对外投资管理决策、执行和监督相互分离、相互制约的管理体制。

②组织机构与岗位职责。学校应当设立国有资产监督管理委员会或类似机构代表学校对所属企业行使出资人职能。应明确管理所属企业的归口管理部门及其职责与权限。应合理设置归口管理部门的岗位，确保相关不相容岗位相互分离、相互制约。

(2)管理内容

①建立对所属企业经营考核机制。高校应加强对所属企业负责人履职待遇和薪

酬管理,建立健全对所属企业的经营考核机制,将投资的保值增值、内部控制的健全有效等作为考核的重要内容,并在业绩考核的基础上确定所属企业主要负责人的薪酬水平。

②管理内容控制机制。高校对所属企业内部控制应重点关注下列工作。

一是所属企业应按法律法规的规定建立公司章程,并按章程设立股东大会、董事会、监事会等公司治理结构,确保公司按章程运转。

二是所属企业董事会、监事会和经理层的产生应当合法合规,其人员构成、知识结构、能力素质应当满足履职的要求。学校应向独资或控股所属企业推荐或任命符合任职条件的人选。

三是所属企业的重大决策、重大事项、重要人事任免及大额资金支付业务等,需按章程或协议规定经董事会或股东大会决议通过方可实施。

四是所属企业应建立会计机构,配备具有相应资格和能力的会计人员。内部控制关键岗位工作人员应当具备与其工作岗位相适应的资格和能力。

五是所属企业应根据相关企业内部控制规范性文件的要求,在所属企业内部全面开展内部控制规范建设。

13.教育基金会管理

(1)组织控制

①组织机构与岗位设置。基金会应根据国家有关法律法规制定基金会章程,设理事会和秘书处,由学校提名理事长,并推荐理事、监事,明确其职责。学校在职人员担任基金会理事、监事或在基金会任职的,履职情况和效果应当纳入学校人员绩效考评范围。基金会所属的分支机构、代表机构、专项基金以及各项业务活动应统一管理。

②财务管理控制机制。基金会应设立单独的财务机构,配备具有专业资格的财务人员。接受业务主管单位和学校财务审计部门的业务指导和监督。

③决策与审批控制机制。基金会的重大决策、重大事项、重要人事任免及大额资金支付业务等,应实行集体决策审批或联签制度;严格执行不相容职务的分离制度,确保可行性研究与决策审批、决策审批与执行、执行与监督检查的分离,有效控制各类风险。

(2)筹资业务

①筹资控制机制。基金会应当根据基金会战略目标和发展规划制定筹资方案。接受的捐赠收入必须确保其公益性,严格区分交换交易收入和捐赠收入。严禁将属

于高校的教学科研等事业收入转为基金会捐赠收入。

②收入管理控制机制。基金会获得的各类收入应当及时足额地纳入账户核算。基金会接受现金捐赠,收款人和开票人应当由两人以上分别承担,所收取的现金应及时入账;取得的非现金资产,应配备专人进行登记和管理,做到账实相符、账表相符。

③冠名事项控制机制。基金会接受捐赠过程中,如果涉及学校建筑、设施、场所的冠名事项以及学校内部机构冠名事项,应当获得学校批准。

(3)投资业务

①投资决策与审批控制机制。基金会应当建立规范的投资决策议事规则,投资计划必须经过理事会决策,投资结果必须向理事会汇报,投资责任由理事会承担。基金会应当建立健全重大投资项目审批制度,关注投资风险,合理确定投资规模和投资结构。

②跟踪监督控制机制。基金会应指定专人对投资项目进行跟踪管理,关注被投资方的财务状况、经营成果以及投资合同的履行情况,发现异常情况应及时报告并妥善处理。

(4)信息公开与监督

①建立内部控制与审计监督机制。基金会应建立健全审计制度,每年必须接受外部审计,并根据审计意见调整内部控制制度。基金会应推动分支机构、代表机构的内部控制制度建设,确保内部控制体系的健全性和有效性。基金会在接受社会审计过程中发现的重大问题,应当及时向理事会和学校报告,并进行整改。

②信息公开控制机制。基金会应按规定向理事会和学校报送并向社会公开经过审计鉴证的年度财务报告。

14.其他附属单位管理

(1)对附属医院的内部控制

①建立健全内部控制体系。附属医院应当建立健全本单位内部控制体系并组织有效实施,接受高校对其内部控制的建立及实施情况进行的监督检查。

②财务管理控制机制。附属医院应当按照规定设立专门的财务机构并配备专职人员,三级医院须设置总会计师。医院的财务活动应在医院负责人及总会计师领导下,由医院财务部门实施集中管理。附属医院的重大决策、重大事项、重要人事任免及大额资金支付业务等,应实行集体决策或联签制度,并按规定报其所属高校审批或备案。附属医院财务预决算等财务信息应经医院规定的决策机构审议通过后上报主

管部门,并报所属高校备案。

③收入管理控制机制。附属医院应严格执行国家物价政策,建立健全各项收费管理制度。附属医院的各项收入应当及时全额纳入规定账户管理。

④对外投资控制机制。附属医院应在保证正常运转和事业发展的前提下,严格控制对外投资。投资范围仅限于医疗服务相关领域。投资必须经过充分的可行性论证,并报主管部门和财政部门批准,同时报其所属高校备案。附属医院应遵循适当投资回报、严格防范风险、全程跟踪管理等原则,对投资效益、收益与分配等情况进行监督管理,确保国有资产的保值增值。

(2)对研究院的内部控制

①组织机构与决策机制。研究院应按相关规定建立其章程,并按章程设立理事会等机构作为研究院的决策机构。研究院的重大决策、重大事项、重要人事任免及大额资金支付业务等,应按章程规定程序决策,按规定报其所属高校备案。

②财务管理工作机制。研究院应设立独立的财务机构,配备具有专业资格的财务人员,按照国家财经法律法规的规定开展财务工作。必要时,可以由所属高校委派会计或会计主管。研究院应当加强和完善会计基础工作,建立财务信息定期报送制度。在每个会计年度结束时,年度财务报告应按时报送其所属高校备案。

③对外投资控制机制。研究院应当严格控制对外投资,不得举借债务。在保证研究院正常运转和事业发展的前提下,投资活动须经理事会决议通过,并按国家法规和章程要求履行相关审批程序,按规定报所属高校审批。

(3)对独立学院的内部控制

①合作办学协议的签订。参与举办独立学院的高校与社会组织或者个人,应当签订合作办学协议。合作办学协议应明确办学宗旨、培养目标、出资数额和方式、各方权利义务、合作期限、争议解决办法等内容。

②办学资金控制机制。独立学院存续期间,举办者不得抽逃办学资金,不得挪用办学经费。举办者的出资须经依法验资,并按规定时间过户到独立学院名下。高校投入办学的无形资产,应当依法评估作价。

③组织机构与决策机制。独立学院应建立学院章程,并按章程设立理事会或董事会作为决策机构。独立学院的重大决策、重大事项、重要人事任免及大额资金支付业务等,须经理事会或董事会决议通过,必要时报其所属高校备案。

④财务管理控制机制。独立学院应实行“统一领导、集中管理”的财务管理体制。以董事会或理事会授权为前提,法定代表人对独立学院财务工作应承担全部经济责

任。独立学院应设立独立的财务机构，并配备具有专业资格的财会人员，在法定代表人的统一领导下，按照国家财经法律法规的规定开展财务工作。独立学院应当定期向主管部门和所属高校财务部门报送财务报告及相关财务资料，年度预决算和重大经济事项应及时上报所属高校备案。

(4)对附属中小学的内部控制

①建立健全内部控制体系。附属中小学应当建立健全内部控制体系并组织实施，接受所属高校对其内部控制的建立及实施情况进行的监督检查。

②财务管理控制机制。附属中小学财务管理实行校长负责制，应单独设置财务机构并配备具有专业资格的财务人员，建立和完善会计人员岗位责任制。学校的财务活动在校长的领导下，由财务部门统一管理。附属中小学的重大决策、重大事项、重要人事任免及大额资金支付业务等，应实行集体决策或联签制度，并报其所属高校备案。附属中小学应当定期向主管部门和所属高校财务部门报送财务报告及相关财务资料，年度预决算应及时上报所属高校审定或备案。

③收入管理控制机制。附属中小学组织收入应当合法合规，各项收费应当严格执行国家规定的收费范围、收费项目和收费标准，使用符合国家规定的合法票据。各项收入应全部纳入学校预算，统一核算、统一管理。严禁设立"小金库"，严禁账外设账，严禁公款私存。

④对外投资控制机制。附属中学应当严格控制对外投资，不得违反规定举借债务，不得提供担保。在保证学校正常运转和事业发展的前提下，按照国家有关规定可以对外投资的，应当履行相关审批程序，并报所属高校备案。义务教育阶段学校不得对外投资，严禁举借债务。

⑤对外投资控制机制。附属中学应当严格控制对外投资，不得违反规定举借债务，不得提供担保。在保证学校正常运转和事业发展的前提下，按照国家有关规定可以对外投资的，应当履行相关审批程序，并报所属高校备案。义务教育阶段学校不得对外投资，严禁举借债务。

在每一项指标下还应选取具体的观测点来考核指标的建立情况，并衡量该项指标是否能够实现相应的内控目标，从而综合评价单位内控的有效性。不论是组织层还是业务层，针对具体活动设计的指标与观测点都是以风险为导向，充分体现了制度基础下对评价的现实需求。

第四节　高校内部控制评价的方法与模式

一、高校内部控制评价方法

科学有效的评价方法是内控评价工作的重要工具，高校内部控制评价机构应当对学校被评价部门进行现场调查，综合运用个别访谈、调查问卷、实地查验、抽样和比较分析等方法，充分收集被评价部门内部控制设计和运行是否有效的证据，按照评价的具体内容，如实填写评价工作底稿，研究分析内部控制风险。下面就选取几种常用的评价方法进行说明。

（一）个别访谈法

个别访谈法是指根据评价的需要，选择性地对被评价单位员工进行单独访谈，以获取有关信息。[①] 该方法主要用于了解高校内部控制的基本情况。评价人员在访谈前应根据内部控制评价目标和要求形成访谈提纲，如有必要可先提供被访谈者准备。访谈对象主要是学校领导、相关机构负责人或一般岗位员工。评价人员在访谈结束后应撰写访谈纪要，如实记录访谈内容。

（二）调查问卷法

调查问卷法是指评价人员以简答问卷的形式向特定人群采集内部控制评价信息的方法。

调查问卷的受访对象要涉及内部控制系统的各类人员，包括学校负责人、中层干部和师生员工等全覆盖，增加调查结果可信度，利于内部控制有效性的评价。

（三）实地查验法

实地查验法主要针对业务层面内部控制，通过现场查看对被评价单位内部控制制度设立是否合理，各项流程是否得到有效执行的评价方法。通常，评价人员会使用统一的测试工作表，与实际的业务进行核对的方法进行控制测试，如对财产进行盘点、清查，以及对存货出、入库等控制环节进行现场查验。

（四）穿行测试法

穿行测试法是指从内部控制体系中任意抽取一笔业务作为样本，对贯穿该业务流程的所有控制环节进行检查，即从起点到终点的各个控制环节进行跟踪检查，来了

---

① 鲍国明，刘力云．现代内部审计［M］．北京：中国时代经济出版社，2021．

解整个业务流程是否执行了规定的控制措施的评价方法。如抽取某笔支出业务从申请、核准、执行、审批、复核、支付款项等全过程检查。

(五)抽样法

抽样法指通过抽取一定有代表性的样本进行调查和测试,根据样本来推断总体状况的一种评价方法。这个方法常用于高校业务流程内部控制有效性的评价,比如收支业务、采购业务、实物资产、合同管理等流程。使用这种方法的重点在于确定抽样总体的范围和样本的选取方法。

(六)比较分析法

比较分析是指针对同一内部控制内容和指标,在不同的时间和空间进行对比分析,来评价内部控制措施差异的方法,比如对高校采购控制进行分析时,可以采用本期实际采购数据和本期预算数据作对比,找到超预算的项目进行重点审查。

二、高校内部控制模式选择

高校内部控制评价指标体系建立后,就应该利用这些指标收集有关资料并分别对高校内部控制各个方面的工作进行评价。由于每一个指标都只能反映某一方面的业务和内容,要对高校内部控制的总体情况进行概括评价,还需要在确定评价指标体系的基础上建立评价模型,以便进行综合的评价。

(一)内部控制评价模式选择

综合评价法就是将所要评价的对象进行综合性的分析,全方位、多角度地考量各个影响因素的不同作用,进而判断总体的实际评价。由于高校内部控制评价需要考虑多种因素,而且这些因素往往具有一定程度的模糊性,难以用定量方法计量,因此,目前普遍研究者多采用模糊综合评价法对高校内部控制进行定量评价。

(二)模糊综合评价法原理

模糊集合理论的概念是由美国自动控制专家查德教授于 1965 年提出的,在综合评价中得到了广泛应用。模糊综合评价法是一种基于模糊数学的综合评价方法,是现代管理研究方法中评价具有模糊性的对象广泛使用的科学方法,该综合评价法将模糊、定性、不易确定边界的评价指标量化,从而对评价对象进行一个总体的定性评价。模糊综合评价模型由因素集、评语集、权重集、评价矩阵组成。

模糊综合评价法的基本思路是运用模糊数学的基本原理,建立模糊综合评价指标集和指标的评价集,确定出评价标准和等级并将被评价内容分为若干要素,借助隶属函数和模糊统计,求出指标隶属度,建立模糊综合评价模型进行等级评价。

(三)模糊综合评价法优点

应用模糊综合评价模型对高校内部控制情况进行评价，具有结果清晰、系统性强的特点，有较强的可操作性。同时，可以根据评价结果进行各种影响因素的调整、优化、组合，及时了解高校内部控制存在的问题，对于客观、准确地建立高校内部控制评价体系有很大的促进作用，该综合评价法能较好地解决模糊的、难以量化的问题，适合各种非确定性问题的解决。

高校应该结合自身的特点和评价目标，运用模糊综合评价方法原理构建了高校内部控制评价模型，帮助高校明确内部控制的实际情况，发现内部控制缺陷，通过改进不足，完善内部控制系统，进而促进高校深化改革和健康持续发展。

第八章　高校内部控制的优化措施

第一节　加强高校单位层面内部控制

一、全面树立内部控制意识

各个高校要高度重视内部控制工作，从根本上树立起强烈的内部控制意识。内部控制的展开是通过内部控制对高校的各项业务予以规范。内部控制牵涉范围广泛，高校的任何一个角落都存在着可以进行内部控制的活动，要避免“为了完成内部控制而采取内部控制”的思想，应该脚踏实地地认真分析，结合本高校的特点、难点进行内部控制，抓住本高校现在面临的最主要的矛盾是什么，有重点开始内部控制规范，再全面铺开对于整个高校的内部控制。高校的内部控制参与人员可以是任何一个领导、教职员工和每一个学生，只有人人都树立起内部控制的意识，重视内部控制工作，内部控制才能收到成效。构建良好的校园文化氛围，全校师生都应树立主人翁意识，爱校如家，从小事上说，节约水电，每个办公人员尽量减少浪费，做到出门关灯、打印纸两面使用，仅这些小事每年就能节约一大笔办公经费的支出；从大事上说，避免教学仪器的重复采购，发掘每个仪器在不同教学科目和科研项目上的使用，在安排基建项目前征询各个科室和学科的建议，所有人集思广益，长此以往必将能够大幅提高资金使用效率。[①]

二、加强对高校管理层的内部控制

（一）完善高校管理层选聘制度

校长作为一个学校的最高领导，在很大程度上决定着学校的未来发展。同样的，一个部门的领导也将决定这个部门发展的关键。高校管理层的选聘一定要打破学术专家的垄断，不能因为一个人的学术水平高就将其选聘。要参考多方面的条件，例如

① 闫宝琴.科研事业单位内部控制建设与实施指南[M].北京：中国经济出版社，2022.

有无集体意识、懂不懂专业的管理知识、知不知道行政管理工作的大概环节、有没有奉献精神、能不能牺牲做学术研究的时间、沟通起来是否顺畅、与同事的关系好不好等。国家教育部门和高校人事部门应对高校管理层的选聘建立一套完善的选聘制度,从各个方面进行综合考察,其中最重要的一点是参考群众意见,通过座谈、打分等形式,在选聘管理层前充分考核候选人的综合能力,进而决定候选人是否能够胜任管理工作。

(二)加强对高校领导层的培训

参考国外高校校长培训的经验,对管理层进行岗前培训。在任命党政一把手和其他干部之前,先对候选人选进行培训,这类培训至少应该包括:高校法律法规培训、高校管理培训、高校财务知识培训、高校校园安全培训、高校后勤管理培训、高校项目管理培训等等,要求候选人通过培训深入了解高等教育领导的本质;探究高校管理组织以及战略政策的变革规律,学习怎样在不同层面上进行决策;了解不同层次的管理者之间的关系,学习怎样协调各方面关系;了解如何进行高校的财政、资源、学术事务的管理;学习如何制定大学的发展策略等等。同时,还应该在即将任职的高校至少工作一段时间,了解这所高校的行政办事流程和特点。最终使候选人在上岗之前能够了解自己的工作性质,不必盲目地遵从以前的规律,也不会在面临工作时不知所措。工作中,还要定期进行培训。无论是国家组织的校长培训,还是日常高校内部的管理层培训,都要有针对性,可以每次集中对一个学校的现实问题进行讨论,达到培训与工作相互融合的目的。通过培训,可以将很多学术型的专家培养成行政管理方面的专家,避免出现“书呆子”领导。

(三)高校管理层要转变思维

高校应完善法人治理结构,建立现代大学制度。借鉴国外高校的先进管理经验,逐步去行政化。高校校长要以身作则,转化思维,根除“官本位”的思想,做到以人为本,在处理事情时,要站到普通老师的角度。高校管理层必须树立建设“权力制约的机制”的意识,有效避免权力滥用。同时要加强和老师同学的沟通,发动群众多提意见,凡事做决定之前要充分参考校务会代表的意见,因为集体决策更加民主和科学。

三、建立健全符合本高校需求的高校内部控制制度

高校要由管理层牵头,制定出符合本高校需求的内部控制制度。各个业务层面要委派专人负责,针对本高校的现状、问题,找出内部控制的方法。同时,高校要有一个内部控制的总负责人,负责收集采纳各个业务层面的意见和建议,总结出一套有本

高校特色的内部控制制度，落实到文字上，发放给相关人员，在公示栏中公示相关制度，并组织人员学习，做到高校内部控制的“有法可依”。

四、设置高校内部控制岗位

建立健全高校内部控制，要对企业的经验和国外的经验加以融合，去粗取精，破除固有的条条框框，大刀阔斧，摸索出适合中国高校的内部控制框架。内部控制涉及学校工作的方方面面，任何一个方面没有考虑到都可能会给学校正常的教育教学带来麻烦，因此学校的每个部门、每位教职工、每个学生都应该树立内部控制的意识，从平时工作、学习、生活的一点一滴做起。内部控制应该分为部门内部控制和高校整体内部控制，以确保高校的内部控制问题能够面面俱到无死角。

各个部门设置内部控制关键岗位。每个部门要设立独立的内部控制岗位，负责对本部门的工作进行抽检，完善本部门内部控制工作流程。以财务部门为例，财务部门关于内部控制的分工是最明确、最细致的，因为在我国还没有明确的内部控制制度的时候，会计分工就已经被明确地写入我国的会计法了。首先，财务部门应当按照不相容岗位相互分离的方法设立部门内部的内部控制关键岗位，明确划分出本部门的具体岗位都有哪些，根据具体岗位的复杂程度规定出每个岗位的权利与责任，并将之形成岗位责任书。其次，要明确本部门的“问责制度”。凡是执行、审核及抽检的工作人员都要有书面的签字或者记录，一旦今后再发现问题，就要对相关责任人进行问责，这么做使执行任务的人更加认真，也让后面审核的人员愈发细致，避免了权责不清的问题。最后，要进行岗位轮换，不能让某个人长期担任一项工作。通过轮换可以使大家互相监督检查工作，也避免长期担任一项工作的人以权谋私。

设立整个高校的独立内部控制岗位。每所高校要设立单独的内部控制部门，负责整个高校的内部控制工作。高校内部控制部门要有独立的负责人，只对校长负责，不隶属于其他部门，人员要求来源广泛，可以从各个部门抽调责任心强、正义感强、业务能力强的人员来完成。这个部门负责定期和不定期抽检其他部门的内部控制工作和其他日常工作，对各部门的内部控制工作进行考核。学校应将这个部门单独设置一位领导，统一协调整体事务。通过内部控制主管各个部门内部控制人员，来更好地控制各个部门的工作。尽量能够将其他部门的工作有机联系在一起，通过以点带面的检查，即找到几个部门共有的方面进行检查，更容易找出问题所在。

五、完善高校管理的信息沟通

增强沟通意识。高校的各级领导要重视增强沟通意识，加强内部控制信息系统的建立。建立上下级沟通、平级沟通、内外部沟通机制，加大校务会在高校重大问题表决上的力度。高校的教职员工和学生要充分行使自己的知情权，敢于对高校的工作质疑和建议。

加强高校信息网络建设。建立良好的信息沟通平台，特别是高校校园网络的管理，委托给专人负责。高校校园网要具备对内、对外的功能，既能将高校对内发布消息、对内征求意见、评议审查等融合在一起，完善内部沟通，又能对外发布信息，加强和外部的联系。

充分利用现代化信息沟通技术。有条件的高校要开发适应高校多部门共同应用的办公软件，让一些互相有联系的部门能够互相监督检查。比如财务部门负责内部控制的人员可以通过身份验证后调取固定资产部门的数据，核对固定资产部门是否按时将固定资产入账；也可以调取采购部门的采购信息，核对本次采购都有哪些程序，是否合规等。这可以保证各个部门之间工作的进度完成情况，方便内部控制人员不定期抽查，还能很大程度上避免各种原因造成的人为操作失误。

第二节　完善高校业务层面内部控制

一、加强预算业务控制

单位应当建立"预算编制有目标、预算执行有监控、预算完成有评价、评价结果有反馈、反馈结果有应用"的全过程预算绩效管理机制。

（一）编制预算

预算编制要经得住推敲，前期的调查要充分，不能只凭部门管理人员"想当然"的编制。要充分执行"自上而下"再"从下到上"的编制方法。"自上而下"这一期间高校的管理层要做好总体的统筹和引领，能够合作的项目要集合到一起，更好地发挥出高校的总体优势。"从下到上"时，各部门要结合实际情况，不能夸大偏颇，凡编制过程中涉及其他部门的，如采购、财务等，要主动和该部门取得联系，问清楚注意事项再进行编制。财务、人事、采购、固定资产部门等职能部门要当好助手，将政策上的规定、编制时易出现的问题给各部门做好培训，确保编制工作顺利完成。

（二）执行预算

首先，要对预算负责人进行培训，确保负责人能够把握住预算执行的流程和各种规定，要能够抓住主要脉络，而不是想到什么做什么。特别是一些项目的操作，在执行前需要负责人组织召开会议,列出明确的时间安排、执行步骤,方能不徐不疾,胸有成竹。执行预算时要做到专款专用,不得随意更改用途,若发生问题一定要改,也必须等到预算调整后方能执行。对于因各种原因导致的预算剩余,要厉行节约,宁可将剩余的预算上交,也不能"为了花钱而花钱"。另外,为了避免突击花钱的行为出现,每个部门应该对本部门的预算进行严格监控。如发生特殊原因导致预算执行不能够顺利进行,预算负责人应及时与财务部门和学校管理层进行沟通,或者与上级拨款单位联系,采取解决措施。财务部门也可以根据每月实际执行情况做出预算执行情况对比表,发放给各个部门,使各个部门能够随时了解预算的执行情况,有的放矢地执行预算。

(三)预算的评价及反馈

预算执行完毕后,各负责人要认真总结执行中的利弊得失,详细写出预算执行的效益分析,并据此来完善今后同类问题的预算。[①] 对于执行效果不好的预算,一定要严格分析,找出原因。对于执行良好的预算,管理层可以当作优秀案例推广到其他部门,起到一定参考借鉴的作用。

二、完善收支业务控制

收支业务控制的重点在于高校的财务部门。高校的收入与支出都要严格按照相关法规的要求,真实地反映到账面上。加强高校收支业务的合法性,资金核算、账务处理的检查监督,实行"收支两条线"管理,应该认真检查、核实,并做出处理,部门内将财务收支明细公开,广泛接受群众的监督。

高校的收费问题主要集中在学费、住宿费、房租、场地租赁费等方面,关于这些收费,国家都有明确的规定和参考。收费前要重点检查收费手续是否齐备,收费行为是否合法合规,坚决抵制乱收费现象。财政、税务、物价等部门需要定期进行检查,保证高校收入能够合规合法。面对来自社会的捐赠,要对捐的物品或货币资金数额予以公示,明确公示出使用方向,由大众监督。

三、严格执行政府采购业务控制

必须加强对政府采购业务的控制,建立政府采购监控系统。对于上文提到的故意避免政府采购的拆分采购行为要予以制止和有效控制,比如建立长效采购机制,对

---

① 靳光玫,陈原.预算绩效管理理论研究与案例解读[M].长春:吉林大学出版社,2021.

于高校的采购行为采用长期监控形式。

必须加强对采购人员的内部控制管理，首先，采购人员要选取具有良好职业道德的人，对于“吃回扣”“小金库”等问题能够有自控性。其次，一个采购项目不能由单独人员完成，比价、检验、入账等重要环节要经过多人经手和审核。另外，高校要有专人来统计供应商的信息，对每年有大量采购项目的供应商进行严格审查，审查他们提供的货物相比于同类产品的其他供应商是否物美价廉，如果不是，必然存在问题，需要进一步审查采购人员与供应商是否保持非业务合作的关系，如是否有收受贿赂的行为。这项措施一旦实施，将对高校的采购人员敲响警钟。

政府也要努力提高政府采购的整体水平，有些高校之所以不愿意政府采购，很大程度上因为政府采购的价高质次，只是因为有了政策不得已而为之。事实上，我国存在政府采购官员因为一己私利，对于参加政府采购的单位不予严格审核，甚至帮助一些企业拿到订单，这已经完全违背了我国推行政府采购的初衷。政府要建立对于供货商的监督机制，将价格作为一个重量的衡量标准，对同等商品进行横向与纵向的比价，保证供货商提供的商品不高于同类产品市场价。只有从根本上解决了政府采购内部的“劣根性”，才能让广大高校改善对政府采购的认识，避免滋生腐败。

四、加强资产控制

加强货币资金管理。货币资金的重点在于收支，下面主要谈一下关于加强货币资金管理的具体措施：通过稽核岗位检查发票、收据，核对金额的准确性。采取银行对账单“双签”制度。每张对账单至少由两人复核，保证对账单和银行日记账能够吻合。不定期盘点备用金。会计主管人员对出纳手中的备用金进行不定期盘点，保证收入及时入账，支出准确，备用金未超限额。岗位轮换控制。

加强固定资产内部控制管理。固定资产部门要设立接触与使用资产记录。资产使用前，要经过部门领导、固定资产负责人的审核，确认必须使用设备，高价值、使用有高风险的设备要通过学校管理层的批准。凡接触过资产、使用过资产的人员要进行严格记录，固定资产负责人在发出和收回固定资产时要严格检查固定资产是否有破坏和损耗，并严格记录在册。这样操作能够确保借用固定资产的人员在使用过程中爱护固定资产设备。内部控制人员通过定期盘点、与财务部门对账等措施对固定资产进行实时监督。

资产的报废要经过严格的审批程序。首先是使用年限的审核，未到使用年限的固定资产要慎之又慎。如破损极为严重，要通过资产接触与使用记录倒查使用人和保管人的责任，凡是因为使用或保管存在蓄意的人为破坏或因疏于管理造成的问题，要追究责任，采取惩罚措施。如实在是因为无法避免的原因导致破损，要对财产物资的具体实施状况进行检查，必要时可咨询专业的维修保养机构，找到适合的使用方法，避免资产再次受损。其次是已经到年限的固定资产也要进行实物检核，凡是能够继续使用的，要继续留用，并重新建立档案，进行控制，避免发生时间一久资产"不知所终"的情况。因技术落后、软硬件更替的原因造成固定资产报废，比如功能较为落后的电子设备，可以通过捐赠给落后地区等手段延长资产的使用寿命。若实在不能继续使用，必须通过政府拍卖等形式对固定资产进行处置。

提高资产使用效率。提倡院系间、部门间、高校间的资源共享，实现高校各项资源的优化配置。实验室、实验仪器等要进行严格控制，如能够通过"错峰"使用等措施保证不影响实验，就应避免对这些设备的重复采购。要尽量避免出现固定资产闲置的现象。如某些只能在固定时间进行实验的设备，或者不经常使用的设备，可以通过租赁固定资产的形式来解决固定资产的使用问题，不一定要对其进行购置。

高校的固定资产归于国有，学校没有处置权，但是学校可以通过对社会公众开放来回馈社会。加强对外开放教室、图书馆、运动场等，缓解国家、市、区主办的图书馆和运动场的压力，又可以使高校的资源被充分利用，同时还可以在政策允许范围内收入一定的租金，用来维护整理这些资源。

五、整顿建设项目控制

加强对高校建设项目的资金控制。建设项目资金量大，要有专人负责控制。首先，应聘请专业人士会同学校的建设项目负责人对此建设项目进行详细的评估和预算，事无巨细，将建设项目资金预算做好。

加强对高校建设项目负责人的监督。高校建设项目要选择人品好、懂工程运作的人员来负责。项目总体支出要由项目负责人和至少另外一名内部控制人员共同负责，不得出现项目负责人总揽的情况。内部控制人员可以从单位的各个职能部门抽调，负责不定期对项目进度、工程用料进行抽检，保证项目运行有保障。

加强对高校建设项目质量的管理。高校是国家众多人才学习科研的地方，安全保证是第一位的。因此项目建成后，要特别注意根据国家相关规定进行检查和验收，确保项目的安全性。

六、明确合同控制

首先，要控制合同的签订。对牵涉到参与制定、签订合同的人员进行培训。注意合同中必要的几大要素，用词要精准，避免出现歧义。各高校要聘请专业律师对牵涉金额超过一定标准、影响重大的合同进行审核。

其次，要控制合同用章。合同用章由专人保管，这个人不宜与业务职能部门有过于密切的工作关系。在使用合同章时，要有授权。合同用章也要建立使用记录，避免有人私刻公章、以假乱真。

最后，要控制合同生效后的执行。合同执行要按照规定时间、规定条款进行，一旦出现问题，要按照约定进行处理，不能擅自允许单方面毁约。无法协商解决的问题，必须通过仲裁或法院来解决。坚决禁止通过私下途径解决，特别是涉及财、物交涉的问题。

第三节　建立健全高校内部控制的评价与监督体系

一、加强高校民主监督

高校要建立内部控制评价系统，内部控制离不开高校所有人员的支持和配合，同样内部控制的有效性可以确保高校所有人员都能从中受益。高校内部控制评价系统的建立，可以使教职工从执行者变成评价者，站在执行者的角度，教职工能够更加清晰地看到内部控制在执行时的问题，更加规范自己的行为；站在评价者的角度，教职工能够敢于直言，指出在工作中看到的不足之处，进而完善整个学校的内部控制管理。

二、加强高校内部监督

高校的内部控制部门需要融合纪检监察、内部审计、会计稽核、固定资产清查、安全保卫巡检、采购查验等多个功能于一身，从各个角度对高校的业务进行内部监督。内部监督需要先看全过程，再看不同的阶段；重视分析整体与环境、整体与局部的相互依赖、相互制约，重视关键信息的采集和综合分析。按照规定高校的内部控制监督有和其他部门同等的地位，直接对校长负责，所以校长应该全力支持，在面对问题时，不要只想着“遮丑”，而是应该大刀阔斧地进行整饬。

三、加强高校外部监督

加强政府外部监督和人民群众外部监督作用。政府考察高校工作的方式要进行一定的修改，将高校的内部控制管理纳入考察范围，将高校内部控制看作是和审计一样的高度，应该对内部控制体系进行披露，对内部控制进行评估并对外报告。[①] 通过对高校内部控制制度、管理、执行等方面的检查确认高校内部控制的执行程度。充分发挥人民群众的外部监督作用。对高校内部大的变革和支出对外公示，接受大众评审。对于群众提出的问题和建议要严格审核，确实属实的应对高校进行通报批评、勒令整改，对检举人提出口头上的表扬和经济上的鼓励。通过检举，很多高校存在的问题都将直接暴露出来，避免每次检查前，高校"临时抱佛脚"的突击应付。

---

① 王刚.高校财务内部控制制度研究[M].太原：山西经济出版社，2023.

参考文献

[1]曹文明.高校内部控制分析及有效性评价研究[M].长沙:中南大学出版社,2018.
[2]查道林.高校内部控制风险点梳理和基本制度框架参考[M].武汉:中国地质大学出版社,2017.
[3]陈焕娣.高校内部控制建设及典型案例[M].苏州:苏州大学出版社,2022.
[4]郝麟.高校内部控制理论与实践[M].西安:西安交通大学出版社,2018.
[5]洪涛,戴永秀,王希.高校财务内部控制建设与风险防控体系研究[M].北京:中国财富出版社,2019.
[6]黄奕菲.基于智慧财务的高校内部控制管理体系构建与优化[J].福建技术师范学院学报,2024(1):63－69.
[7]金花.内部控制视域下高校科研经费内部监管[M].长春:吉林科学技术出版社,2018.
[8]李国友,王灵.高校内部控制实务研究[M].长沙:中南大学出版社,2018.
[9]李蕊,孟雅,白钰杰.高校财务管理与内部控制研究[M].长春:吉林出版集团股份有限公司,2023.
[10]李兆龙.我国高校内部控制审计研究[M].北京:中国财政经济出版社,2024.
[11]刘盈池.高校财务内部控制与绩效管理研究[M].北京:新华出版社,2022.
[12]欧兵.内部审计与高校治理[M].成都:西南财经大学出版社,2020.
[13]乔春华,范晨诚.数字时代背景下高校内部控制体系构建研究[J].会计之友,2024(10):125－132.
[14]沈烈,谭芳碧.高校内部控制转型与创新研究[M].北京:中国财政经济出版社,2020.
[15]石彬.高校财务内部控制的问题与对策研究[M].延吉:延边大学出版社,2022.
[16]孙晓英.加强高校内部控制建设防范基建风险[J].现代商贸工业,2024(9):74－76.
[17]田巧芬,王南,李平.高校财务内部控制与风险防范研究[M].北京:中国纺织出版社,2023.

[18]王静梅.高校内部控制体系研究[M].南京:东南大学出版社,2023.
[19]谢卫虹.高校二级单位内部控制指南[M].西安:西安电子科学技术大学出版社,2020.
[20]薛斯炜.内部控制视域下的高校财务管理研究[M].长春:吉林大学出版社,2023.
[21]翟湘.高校内部控制生态圈的构建与应用研究[J].财会通讯,2024(10):144—149.
[22]张浩.地方高校内部控制建设实施操作指南[M].长春:吉林出版集团股份有限公司,2020.
[23]张劲阳.高校内部控制体系建设探讨[J].兰州工业学院学报,2024(3):112—115.
[24]赵慧颖,张晓东.高校财务内部控制与绩效管理研究[M].长春:吉林人民出版社,2023.
[25]钟佳.高校内部控制实务[M].成都:电子科技大学出版社,2017.
[26]周庆西.内部审计新视点[M].天津:南开大学出版社,2015.